RÉSERVE ET ARMÉE TERRITORIALE

ÉLÈVES OFFICIERS
DE RÉSERVE

Volume mis à jour au 25 mars 1912.

PARIS
Henri CHARLES-LAVAUZELLE
Éditeur militaire
10, Rue Danton, Boulevard Saint-Germain, 118

(MÊME MAISON A LIMOGES)

72 bis

ÉLÈVES OFFICIERS DE RÉSERVE

Volume mis à jour au 25 mars 1912.

PARIS

Henri CHARLES-LAVAUZELLE

Éditeur militaire

10, Rue Danton, Boulevard Saint-Germain, 118

(MÊME MAISON A LIMOGES)

ÉLÈVES OFFICIERS

DE RÉSERVE

Décret réglementant les conditions du concours pour l'obtention du titre d'élève officier de réserve.

Paris, le 10 juin 1907.

Le Président de la République française,

Sur le rapport du Ministre de la guerre,

Vu le premier paragraphe de l'article 24 de la loi du 21 mars 1905 ainsi conçu :

« Les jeunes gens non visés à l'article précédent, qui désirent obtenir le grade de sous-lieutenant de réserve et prennent l'engagement d'accomplir, en cette qualité, trois périodes supplémentaires d'instruction pendant leur séjour dans la réserve subissent, à la fin de leur première année de service, les épreuves d'un concours institué par un règlement d'administration publique. Ils sont classés par ordre de mérite et nommés, dans la limite des besoins, élèves officiers de réserve. »

Le Conseil d'Etat entendu.

Décrète :

Art. 1er. Les militaires appelés appartenant aux diverses armes et les jeunes gens admis à contracter l'engagement spécial dit « de devancement d'appel », prévu à la fin de l'article 50 de la loi du 21 mars 1905, qui désirent obtenir le titre d'élève officier de réserve de l'arme à laquelle ils appartiennent, adressent, par la voie hiérarchique, au général commandant le corps d'armée, au plus tard à la date du 1er juillet qui suit leur incorporation, une demande à l'effet de prendre part aux épreuves du concours organisé par les articles suivants.

Les militaires de la cavalerie et de l'artillerie peuvent également concourir pour le titre d'élève officier de réserve du train des équipages.

Les militaires des sections de commis et ouvriers d'administration et d'infirmiers sont admis à concourir respectivement pour le titre d'élève officier d'administration de réserve des bureaux de l'intendance, des subsistances, de l'habillement et du campement ou pour le titre d'élève officier d'administration de réserve du service des hôpitaux militaires.

Les militaires des sections de secrétaires d'état-major et du recrutement peuvent concourir pour le titre d'élève officier d'administration de réserve de l'un ou de l'autre service.

La demande de chaque candidat est accompagnée :

1° D'un relevé de punitions ;

2° De l'avis motivé du chef de corps (ou du chef de service pour les militaires appartenant aux sections).

Le chef de corps résume son appréciation sur l'aptitude générale du candidat par une note numérique comprise dans l'échelle de 0 à 20 ;

3° De l'engagement d'accomplir trois périodes supplémentaires d'instruction dans le cas de nomination comme officier de réserve.

Le général commandant le corps d'armée statue sur les demandes en autorisation de concourir et rend compte au Ministre du nombre d'autorisations accordées.

Art. 2 (1). Le concours comprend :

1° Un examen de connaissances militaires passé devant un jury d'examen régional ;

---

(1) Décret du 8 septembre 1910, *B. O.*, p. 1732.

2° Des épreuves écrites d'instruction générale dont les sujets sont donnés par le Ministre de la guerre, et qui sont notées par une commission centrale d'examen siégeant à Paris.

Il est institué une commission centrale pour chaque arme, une commission centrale pour les services de l'intendance et une commission centrale pour le service de santé.

Chaque commission centrale fonctionnant comme jury supérieur de classement, détermine le classement des candidats comme il est dit à l'article 5 ci-après.

Art. 3 (1). Les jurys d'examen régionaux, dont les membres sont nommés par le Ministre de la guerre, sont composés de la façon suivante :

1° Pour les candidats élèves officiers des diverses armes :
Un colonel ou lieutenant-colonel, *président* ;
Deux capitaines, *membres* ;

2° Pour les candidats élèves officiers d'administration de réserve des services de l'intendance :
Un sous-intendant de 1re ou de 2e classe, *président* ;
Un capitaine ;
Un officier d'administration de 1re classe du service de l'intendance ;

3° Pour les candidats élèves officiers d'administration de réserve du service de santé :
Un médecin principal ou major de 1re classe, *président* ;
Un capitaine ;
Un officier d'administration de 1re classe du service de santé.

Les jurys se réunissent dans les villes de garnison désignées par le Ministre, qui fixe également la circonscription de chacun de ces centres d'examen et la date des épreuves.

Pour les diverses armes, les examens militaires portent sur les connaissances exigées par les règlements en vigueur pour l'obtention du certificat de chef de section ou de peloton.

Pour les divers services, les examens militaires portent sur les parties des règlements en usage dans l'infanterie dont la connaissance est nécessaire aux officiers d'administration, et sur les éléments de la topographie, ainsi que de la législation, de l'administration et de la comptabilité militaires.

Chacune des matières de l'examen, ainsi que l'appréciation du jury sur la valeur générale militaire du candidat, donne lieu à l'attribution d'une note dans l'échelle de 0 à 20.

Art. 4. Les épreuves écrites, les mêmes pour tous les candi-

---

(1) Décret du 8 septembre 1910, *B. O.*, p. 1732.

dats de la même arme, ont lieu le même jour dans tous les centres d'examen désignés par le Ministre.

Elles consistent dans une dictée, une composition écrite sur les éléments de l'arithmétique, une composition écrite sur les éléments de la géographie et de l'histoire de France, et une composition écrite portant sur une des matières ci-après : incidents de manœuvre ou de service en campagne, organisation générale de l'armée et des services administratifs.

Ces compositions sont corrigées par la commission centrale, instituée ainsi qu'il est dit aux articles 2 et 5. Chacune d'elles donne lieu à l'attribution d'une note dans l'échelle de 0 à 20.

Art. 5 (1). Chacune des commissions centrales, constituées comme il est dit ci-dessus, est présidée par un officier général et comprend, en outre, quatre officiers supérieurs (dont un officier de réserve ou de l'armée territoriale), assistés, s'il y a lieu, de correcteurs.

Les membres de ces commissions et les correcteurs sont désignés par le Ministre.

Les relevés des notes attribuées aux candidats par les jurys d'examen régionaux et les compositions écrites sont transmises, par l'intermédiaire du Ministre, à la commission centrale. La commission détermine le classement d'ensemble des candidats d'après :

1° Les notes afférentes aux compositions qu'elle a corrigées elle-même ;

2° Les notes attribuées aux candidats par les jurys d'examen régionaux, dont elle opère la péréquation toutes les fois qu'elle le juge nécessaire.

Le Ministre de la guerre déterminera les coefficients de chacune des épreuves et celui de chacune des matières de l'examen militaire pratique.

Sont éliminés les candidats qui ne réuniraient pas le tiers du total des points pouvant, au maximum, leur être attribués pour l'ensemble des épreuves.

Art. 6 (1). La liste arrêtée par la commission centrale d'examen est adressée au Ministre de la guerre le 30 septembre au plus tard.

---

(1) Décret du 8 septembre 1910, *B. O.*, p. 1732 :

« Lorsque les listes arrêtées par les commissions centrales d'examen constituées conformément aux dispositions de l'article 5 du décret du 10 juin 1907, pour le classement des élèves officiers de réserve du train des équipages et des élèves officiers d'administration de réserve, ne présentent pas un nombre de candidats suffisant pour compléter l'effectif

La liste des militaires nommés élèves officiers de réserve est insérée au *Journal officiel* à la date du 15 octobre au plus tard.

Art. 7. Le Ministre de la guerre est chargé de l'exécution du présent décret, qui sera publié au *Journal officiel* de la République française et inséré au *Bulletin des lois*.

Instruction pour l'application du décret du 10 juin 1907, modifié le 8 septembre 1910 et réglementant les conditions du concours pour l'obtention du titre d'élève officier de réserve.

Paris, le 30 décembre 1910.

DISPOSITIONS COMMUNES A TOUTES LES ARMES ET A TOUS LES SERVICES.

Art. 1er. *Recrutement des élèves officiers de réserve.* — Par application du décret du 10 juin 1907, modifié le 8 septembre 1910, les élèves officiers de réserve se recrutent ainsi qu'il suit :

Les élèves officiers de réserve de l'infanterie, de la cavalerie, de l'artillerie, du génie, dans leurs armes respectives ;

Les élèves officiers de réserve du train des équipages, parmi les militaires du train, de la cavalerie ou de l'artillerie (1) ;

Les élèves officiers d'administration de réserve des bureaux de l'intendance, des subsistances, de l'habillement et du campement (services de l'intendance), parmi les militaires des sections de commis et ouvriers militaires ;

Les élèves officiers d'administration de réserve du service de santé, parmi les militaires des sections d'infirmiers.

En outre, les militaires des sections de secrétaires d'état-ma-

---

fixé par le Ministre, d'après les besoins du service, il y est pourvu de la manière suivante :

» Les élèves officiers de réserve du train des équipages sont pris sur les listes de classement des militaires de la cavalerie et de l'artillerie, parmi ceux qui, n'ayant pas obtenu un rang de classement suffisant pour être nommés élèves officiers de réserve dans leur arme d'origine, ont demandé à être nommés élèves officiers de réserve du train.

» Les élèves officiers d'administration de réserve sont pris, dans les mêmes conditions, sur les listes de classement des militaires des différentes armes qui ont demandé à être nommés élèves officiers d'administration de réserve. »

(1) Les chefs de corps de la cavalerie et de l'artillerie doivent appeler l'attention des candidats sur la faculté qui leur est accordée de demander à concourir pour le train des équipages et leur faire exposer sommairement le rôle important de cette arme en temps de guerre

jor et du recrutement peuvent concourir, soit pour les services de l'intendance, soit pour le service de santé.

Enfin, dans le cas où le nombre des candidats provenant des différentes sections serait insuffisant pour combler les vacances des cadres d'officiers d'administration du cadre auxiliaire, le Ministre prélèverait, parmi les candidats classés des différentes armes, et conformément aux dispositions de l'article 5 du décret du 8 septembre 1910, un certain nombre d'élèves officiers d'administration de réserve (1).

Art. 2. *Nombre de candidats à admettre.* — Le Ministre (Directions) fixe annuellement, pour chaque arme et pour chaque service, le nombre total maximum des élèves officiers de réserve (élèves officiers d'administration de réserve) dans chaque cours spécial, en tenant compte des prévisions budgétaires.

Le Ministre (Cabinet ; Inspection permanente des Ecoles) fixe également le nombre maximum des militaires des sections de secrétaires d'état-major et du recrutement qui pourront être nommés élèves officiers d'administration de réserve, soit dans le service de l'intendance, soit dans le service de santé, en tenant compte, d'une part, de la proportion des hommes du contingent affectés à ces sections au titre du service armé, et, d'autre part, des besoins signalés par chacun des deux services précités.

Cette décision ministérielle est portée à la connaissance des intéressés par la voie du *Journal officiel*, avant la date fixée pour la production des demandes en autorisation de concourir.

Art. 3. *Instruction et préparation des candidats.* — Les candidats élèves officiers accomplissent leur première année de service aux conditions ordinaires. Ils participent aux instructions réglementaires des élèves gradés et peuvent concourir pour le grade de caporal ou brigadier, sergent ou maréchal des logis. Ils ne doivent jamais être détournés, même temporairement, de leur instruction pour être affectés à des emplois spéciaux, tels que ceux de planton, vélocipédiste, bibliothécaire, etc.

Les chefs de corps ou de service, prennent, en outre, les mesures nécessaires pour mettre les candidats à même de subir les épreuves militaires qui leur sont imposées. Dès le début de l'instruction, ils se font renseigner périodiquement par les commandants d'unité ou, pour les militaires des sections, par les officiers qui les emploient, sur la valeur morale des candidats, leur manière de servir, leurs aptitudes militaires, de façon à pouvoir, au moment de la transmission des demandes en auto-

---

(1) Les candidats ne sont, bien entendu, astreints à aucune épreuve supplémentaire.

risation de concourir, émettre un avis *précis* et *motivé* sur chacun des candidats.

Art. 4. *Demandes en autorisation de concourir.* — Les demandes en autorisation de concourir sont établies conformément au modèle nº 1 ci-annexé.

Les candidats remplissent eux-mêmes et signent les divers alinéas de cet état relatif à la demande en autorisation de concourir et à l'engagement d'accomplir les trois périodes prévues par l'article 24 de la loi du 21 mars 1905.

Les militaires des sections de secrétaires d'état-major et du recrutement font connaître s'ils désirent prendre part au concours des candidats élèves officiers d'administration des services de l'intendance ou à celui des candidats du service de santé.

Les candidats de la cavalerie et de l'artillerie qui désirent obtenir éventuellement le titre d'élève officier de réserve du train, par application des dispositions de l'article 5 du décret du 8 septembre 1910, joignent à leur demande une lettre manuscrite conforme au modèle nº 2 ci-annexé.

De même, les militaires de l'infanterie, de la cavalerie, de l'artillerie et du génie, qui désirent obtenir éventuellement le titre d'élève officier d'administration de réserve, par application des dispositions de l'article 5 du décret du 8 septembre 1910, joignent à leur demande une lettre manuscrite conforme au modèle nº 3 ci-annexé.

Les demandes sont complétées par le relevé des punitions et revêtues de l'avis motivé du chef de corps ou de service (du commandant de l'école de Joinville pour les instituteurs présents à l'Ecole normale de gymnastique). Cet avis doit éclairer le commandement sur la valeur des candidats ; on doit notamment signaler ceux dont les demandes paraîtraient ne pas devoir être admises et spécifier les raisons qui sembleraient de nature à les faire écarter. Les appréciations des chefs hiérarchiques sur chaque candidat sont, en outre, résumées par une note numérique comprise entre 0 et 20 (voir modèle nº 1).

Chaque demande est accompagnée d'un certificat médical constatant que le candidat est dans les conditions physiques nécessaires pour suivre l'enseignement du cours spécial auquel il peut être admis (1).

Ce certificat est délivré au candidat à la suite d'une visite passée par un médecin militaire étranger au corps ou service dont il fait partie et désigné par le général commandant le corps d'armée.

Art. 5. *Autorisation de concourir.* — Les demandes des candi-

____

(1) Circulaire du 2 octobre 1911, *B. O.*, p. 1261.

dats, complétées comme il vient d'être dit, sont adressées pour le *1er juin*, par la voie hiérarchique, au général commandant le corps d'armée (au gouverneur militaire de Paris pour les troupes sous ses ordres directs et pour les instituteurs présents à Joinville ; au général commandant le corps d'armée des troupes coloniales pour tous les militaires de l'armée coloniale ; au général commandant la division d'occupation de Tunisie).

Cet officier général examine les demandes et statue sur l'autorisation de concourir ; il porte sa décision sur chaque demande.

Les demandes pour lesquelles l'autorisation est refusée sont renvoyées aux chefs de corps, qui informent sans retard les intéressés de la décision prise à leur égard et des raisons qui l'ont motivée.

Les demandes pour lesquelles l'autorisation de concourir a été accordée par les généraux commandants de corps d'armée sont réunies par arme ou service et adressées, par leurs soins, en temps utile, aux présidents des jurys d'examens régionaux chargés d'examiner les candidats, ainsi qu'il est indiqué à l'article 27 ci-après.

Art. 6. *Premiers renseignements à adresser au Ministre.* — Les généraux commandants de corps d'armée adressent au Ministre (Directions d'arme, Direction de l'Intendance et Direction du Service de santé), pour le *10 juin*, les états numériques des candidats *autorisés à concourir* dans chaque arme ou dans chaque service. Ces états sont établis conformément au modèle n° 4 ci-annexé. Il est adressé au Ministre des états distincts :

1° Pour les candidats provenant de l'infanterie et de l'infanterie coloniale (Direction de l'Infanterie) ;

2° Pour les candidats provenant de la cavalerie concourant pour la cavalerie (Direction de la Cavalerie) ;

3° Pour les candidats provenant de la cavalerie concourant uniquement pour le train (Direction de l'Artillerie) ;

4° Pour les militaires provenant de l'artillerie métropolitaine (candidats à l'artillerie et candidats au train), de l'artillerie coloniale et du train des équipages (Direction de l'Artillerie) (1) ;

5° Pour les candidats provenant du génie (Direction du Génie) (1) ;

6° Pour les candidats provenant des sections de commis et ouvriers militaires d'administration (Direction de l'Intendance) ;

---

(1) Pour les corps de troupe de l'artillerie et du génie, les renseignements doivent faire ressortir les subdivisions auxquelles appartiennent les candidats (artillerie de campagne, de siège et place, de côte; sapeurs mineurs, sapeurs des chemins de fer, sapeurs aérostiers, sapeurs télégraphistes, sapeurs conducteurs).

7° Pour les candidats provenant des sections d'infirmiers (Direction du Service de santé).

Le nombre des candidats provenant des sections de secrétaires d'état-major et du recrutement est porté distinctement, soit sur l'avant-dernier, soit sur le dernier de ces états, suivant qu'ils se présentent au titre des services de l'intendance ou du service de santé.

Art. 7. *Mutations. Radiations des candidats.* — Les chefs de corps rendent compte au commandant de corps d'armée, par la voie hiérarchique, de tous les faits : mutations, punitions encourues, etc., survenus entre l'époque de la transmission des dossiers et celle de l'examen, qui pourraient modifier le jugement porté sur les candidats dont les demandes auront été favorablement accueillies.

Les radiations peuvent être prononcées jusqu'au jour de l'ouverture du cours spécial. Les propositions de radiation par mesure disciplinaire doivent être accompagnées d'un rapport détaillé qui est revêtu de l'avis motivé des différentes autorités hiérarchiques.

La radiation est prononcée, s'il y a lieu, par le commandant de corps d'armée, qui en rend compte au Ministre (Direction intéressée).

Art. 8. *Commissions centrales d'examen.* — Il est constitué, dans les conditions prévues par le décret du 10 juin 1907, six commissions centrales d'examen chargées de classer respectivement les candidats provenant :

1° De l'infanterie métropolitaine et de l'infanterie coloniale ;

2° De la cavalerie ;

3° De l'artillerie métropolitaine, de l'artillerie coloniale et du train des équipages ;

4° Du génie ;

5° Des sections de commis et ouvriers militaires d'administration ;

6° Des sections d'infirmiers.

Les militaires des sections de secrétaires d'état-major et du recrutement sont classés soit par la 5e, soit par la 6e de ces commissions, suivant qu'ils concourent pour les services de l'intendance ou pour le service de santé. Ces deux commissions établissent un classement distinct pour les candidats provenant des sections de secrétaires.

Un des membres de la commission centrale de l'infanterie appartiendra à l'infanterie coloniale.

La commission de l'artillerie comprendra un membre de l'artillerie coloniale (1).

Il est adjoint à chaque commission centrale un nombre de correcteurs qui varie avec le nombre des candidats.

Ces correcteurs sont désignés par le gouverneur militaire de Paris, sur la demande des présidents des commissions centrales faisant connaître le nombre des correcteurs nécessaires.

Art. 9. *Jurys d'examen régionaux.* — Il est institué des jurys régionaux distincts pour l'infanterie, la cavalerie, l'artillerie, le génie, le train des équipages, les sections de commis et ouvriers et les sections d'infirmiers.

Les militaires des sections de secrétaires d'état-major et du recrutement sont examinés soit par le jury des sections de commis et ouvriers, soit par le jury des sections d'infirmiers, suivant qu'ils concourent pour le service de l'intendance ou pour le service de santé.

Le nombre des jurys devant fonctionner dans chaque arme et les conditions dans lesquelles ils procèdent à leurs opérations sont indiqués ci-après aux dispositions particulières aux différentes armes ou services.

Les candidats appartenant à l'infanterie coloniale sont examinés par les jurys d'examen de l'infanterie, ceux de l'artillerie coloniale par les jurys d'examen de l'artillerie.

Concours.

Art. 10. Le concours comprend :
1° Des épreuves écrites ;
2° Un examen de connaissances militaires.

Epreuves écrites.

Art. 11. Les épreuves écrites sont les mêmes pour tous les candidats classés par une même commission centrale ; il n'y a d'exception que pour les candidats provenant du train des équipages militaires, qui pourront subir des épreuves distinctes de celles des militaires de l'artillerie métropolitaine et coloniale.

Art. 12. Les épreuves écrites commencent au plus tôt le 10 juillet et se terminent au plus tard le 20 juillet. Elles ont lieu, pour tous les candidats de même arme ou de même service, à une

---

(1) Pour le classement des candidats du train des équipages militaires, deux officiers de cette arme se substitueront dans cette commission à deux officiers d'artillerie dont l'officier d'artillerie coloniale.

daté unique fixée ci-après par les dispositions particulières à chaque arme et à chaque service. Ces épreuves, d'une durée de deux jours consécutifs, sont exécutées dans l'ordre suivant :

Le 1er jour. { Matin. Rédaction sur un sujet militaire.
{ Soir. Dictée.

Le 2e jour. { Matin. Histoire et géographie.
{ Soir. Arithmétique.

Les candidats doivent être rendus dans les centres d'examen la veille du jour fixé pour le commencement des épreuves écrites et sont placés en subsistance dans un corps de la garnison.

Art. 13. Pour chaque arme ou service, les compositions d'instruction générale portent sur le programme exigé, dans les matières correspondantes, des sous-officiers candidats à l'Ecole des sous-officiers élèves officiers, sous les réserves suivantes : pour la géographie, le programme est réduit à la France et à ses colonies ; pour l'histoire, il comprend l'histoire de France de 1610 à 1875.

Pour la composition écrite sur un sujet militaire, les questions relatives à l'organisation des services administratifs sont réservées aux candidats provenant des sections.

Art. 14. L'exécution des compositions est surveillée par des officiers du grade de capitaine ou assimilés, désignés par les généraux commandant les corps d'armée pour les centres d'examen situés sur le territoire qui relève de leur autorité.

Le nombre des officiers surveillants ne sera, dans aucun cas, inférieur à deux. Ce nombre sera augmenté suivant le nombre des candidats, de manière à atteindre toujours la proportion de 1 officier pour 30 candidats.

Chacun de ces officiers reçoit un exemplaire d'une instruction spéciale relative à sa mission et conforme aux dispositions du présent règlement. Cette instruction est établie par la Direction intéressée.

Les officiers surveillants sont responsables des fraudes qui pourraient être commises dans l'exécution des compositions.

Art. 15. Les sujets de composition et les imprimés nécessaires sont envoyés sous plis cachetés par le Ministre (Direction d'armes, 5e Direction ou 7e Direction) aux autorités chargées de les remettre aux officiers surveillants et désignés ci-après pour chaque arme ou service.

Art. 16. L'enveloppe renfermant chaque sujet de composition est décachetée par un des officiers délégués, en présence des candidats réunis pour subir les épreuves écrites.

Le procès-verbal de la séance devra constater si les cachets étaient intacts.

Art. 17. Toutes les compositions sont faites sur des feuilles à en-tête imprimé, délivrées aux candidats au commencement de la séance et revêtues alors de la signature de l'un des officiers chargés de la surveillance ; chaque candidat, en les recevant, appose très lisiblement son nom et ses prénoms sur l'en-tête imprimé de chacune de ces feuilles ; il y mentionne également le corps auquel il appartient et signe à l'endroit indiqué sur cet en-tête, avant de remettre sa composition à l'officier surveillant.

Art. 18. Il est accordé aux candidats :
1° Pour relire la dictée, un quart d'heure (la ponctuation ne sera pas dictée) ;
2° Pour la composition d'arithmétique, deux heures ;
3° Pour la composition d'histoire et celle de géographie, deux heures (ces deux compositions sont traitées sur des feuilles distinctes) ;
4° Pour la composition sur un sujet militaire, deux heures.

A l'expiration du temps accordé pour chaque composition, les candidats remettent leur travail, séance tenante, à l'un des officiers surveillants.

Art. 19. Tout candidat qui ne remet pas l'une quelconque des compositions ou qui ne se présente pas à l'une des épreuves est, par cela même, exclu du concours ; mais les compositions inachevées n'entraînent pas l'exclusion.

Tout candidat convaincu de fraude pendant les épreuves écrites sera exclu du concours ; il pourra être, en outre, l'objet d'une punition disciplinaire.

L'exclusion est prononcée immédiatement par l'officier surveillant le plus ancien, qui établit un rapport sur l'incident.

Art. 20. A la fin de chaque séance, toutes les compositions, classées par corps, dans l'ordre de bataille et dans chaque corps dans l'ordre alphabétique, sont adressées directement au Ministre de la guerre (Directions d'armes, 5e Direction et 7e Direction), réunies, soit dans une grande et solide enveloppe, soit, de préférence, dans un fort papier d'emballage portant en suscription l'indication de son contenu, le centre d'examen et l'arme ou le service des candidats. Les compositions des militaires des sections de secrétaires sont mises sous plis distincts et adressées, soit à la 5e Direction, soit à la 7e Direction, suivant que les candidats coucourent pour les services de l'intendance ou pour le service de santé. Toutes les enveloppes sont scellées par les officiers surveillants et contresignées de leurs noms.

Afin de permettre de contrôler l'envoi exact de toutes les compositions, on devra, dans chaque centre d'examen, joindre au premier envoi adressé au Ministre (composition sur un sujet militaire) un état nominatif faisant connaître les candidats qui devaient composer dans ce centre d'examen. Mention sera faite sur cet état, en regard des noms des candidats n'ayant pas remis de composition, de leur abstention ou de leur mutation ou de leur radiation antérieure.

Art. 21. Les compositions sont soumises au jugement de la commission centrale constituée pour chaque arme ou service comme il est dit à l'article 8 ci-dessus.

Art. 22. Avant de remettre les compositions aux correcteurs, la commission centrale détache la partie de chacune des feuilles sur laquelle se trouve le nom, le corps d'affectation et la signature du candidat. Sur cette partie est inscrit un numéro d'ordre qui est reproduit sur la copie. Toutes les copies d'un même candidat ont le même numéro d'ordre qui correspond à son nom. Les parties enlevées restent sous scellés.

Art. 23. Les compositions sont cotées par les correcteurs : la note donnée à chaque composition est comprise dans l'échelle de 0 à 20 ; elle est portée sur la composition même, puis multipliée par le coefficient correspondant à la nature de l'épreuve, ce qui détermine le nombre de points attribués au candidat pour cette composition. Les coefficients des différentes épreuves sont fixés par l'annexe de la présente instruction.

Art. 24. Tout candidat qui n'aura pas obtenu pour la dictée une note supérieure à 6 et pour les autres matières une note supérieure à 4, sera, en principe, éliminé (1). Toutefois, la commission centrale aura la faculté de prononcer, à la majorité des voix, l'admission d'un candidat qui n'aurait qu'une seule note éliminatoire si, d'après le total élevé de ses points, elle juge que ce candidat mérite de figurer sur la liste des admis.

Art. 25. Les corrections terminées, chaque commission centrale dresse un état général portant le numéro d'ordre des compositions avec l'indication des cotes données à chacune d'elles, de leurs produits par les coefficients et de la somme de ces produits.

______

(1) Dans la cavalerie, sera également éliminé tout candidat qui n'aura pas obtenu la note 10 en équitation, aux examens de connaissances militaires.

Il est établi des états distincts : pour les militaires de l'armée coloniale ; pour ceux du train des équipages ; dans l'artillerie et dans le génie, pour chaque subdivision d'arme ; pour les militaires des sections de secrétaires.

Examen de connaissances militaires.

Art. 26. Les dispositions spéciales ci-après indiquent, pour chaque arme et pour les sections, les conditions dans lesquelles ont lieu les examens de connaissances militaires qui, en principe, doivent suivre immédiatement l'exécution des compositions écrites.

Les programmes de ces examens sont fixés par l'annexe de la présente instruction qui détermine également les coefficients attribués à chaque matière ou groupe de matières.

Art. 27. Les présidents des jurys d'examen reçoivent des corps d'armée, quinze jours au plus tard avant le début des épreuves, les dossiers des demandes des candidats qu'ils sont chargés d'examiner.

Art. 28. Les présidents des jurys d'examen convoquent les candidats dans les centres désignés, de telle sorte qu'ils y soient rendus au plus tard l'avant-veille du jour où ils passent leur premier examen. Les candidats sont remis en route, vers leur corps, le lendemain du jour où ils ont terminé leurs examens. Pendant leur séjour, qui doit être réduit au strict nécessaire, ils sont placés en subsistance dans un corps de la garnison.

Le tour d'examen des candidats est déterminé, dans chaque centre d'examen par corps d'armée (en commençant par le corps d'armée du centre d'examen, puis en suivant l'ordre des numéros), et dans chaque corps d'armée par lettre alphabétique.

La veille de chaque séance, le président du jury d'examen fait afficher la liste des candidats qui peuvent être examinés dans la séance suivante ; ceux d'entre eux qui, sans motifs valables, ne se présentent pas lorsqu'ils sont appelés, peuvent être exclus du concours par le jury d'examen, indépendamment des punitions disciplinaires qu'ils encourraient. Il en est fait mention sur la demande des intéressés.

Art. 29. L'examen militaire sera conduit de manière à discerner ceux des candidats qui paraissent aptes à acquérir, en raison des connaissances qu'ils possèdent déjà, l'ensemble des aptitudes exigées d'un officier de section ou de peloton ou d'un officier d'administration de 3ᵉ classe qui, en campagne, peut être employé en sous-ordre et, éventuellement, commander un petit détachement.

Tous les candidats recevront, pour chaque matière ou groupe de matières pourvus d'un coefficient, une note établie sur l'échelle de 0 à 20.

Art. 30. Après avoir examiné chacun des candidats et en tenant compte des appréciations et des cotes numériques qui lui ont été données par ses chefs hiérarchiques, le jury lui affecte une note d'aptitude générale comprise dans l'échelle de 0 à 20.

Les cotes données par les chefs hiérarchiques n'entrent pas comme facteurs numériques dans la fixation de la note d'aptitude générale.

Art. 31. Les notes obtenues par chaque candidat sont portées sur la demande formée par lui, ainsi que les produits de ces notes par les coefficients correspondants. Le nombre de points afférents à l'examen militaire s'obtient en totalisant ces produits; ce total est porté également sur la demande de chaque candidat: il est certifié par le président du jury d'examen.

Les notes des candidats ne leur sont pas communiquées.

Art. 32. Immédiatement après la clôture des opérations dans chaque centre d'examen, le président du jury d'examen adresse directement au Ministre (Direction d'armes, Direction de l'Intendance ou Direction du Service de santé) un état des notes obtenues par les candidats, dans l'ordre où ils ont été examinés, en même temps que l'ensemble des documents relatifs à ces opérations.

Classement des candidats.

Art. 33. Le classement des candidats est établi, pour chaque arme et pour les services de l'intendance et de santé, par la commission centrale correspondante.

A cet effet, les résultats des opérations des jurys d'examen sont transmis par le Ministre (Direction d'arme, Direction de l'Intendance, Direction du Service de santé) aux diverses commissions centrales avec le dossier complet de chaque candidat. Celles-ci font la péréquation des notes si elles le jugent nécessaire.

Puis elles rapprochent, sur les états généraux dressés comme il est dit à l'article 25 ci-dessus, les noms des candidats des

numéros d'ordre correspondants et ajoutent, pour chacun des candidats, aux points obtenus dans les épreuves écrites, les points correspondant à l'examen militaire.

Elles arrêtent enfin la liste nominative, par ordre de mérite, d'après le total général des points obtenus par chaque candidat. Il est établi des listes distinctes pour l'infanterie et pour l'infanterie coloniale, pour l'artillerie, pour l'artillerie coloniale et pour le train des équipages. Dans l'artillerie et dans le génie, il est établi des listes de classement distinctes par subdivision d'arme (artillerie de campagne, artillerie de siège et place, artillerie de côte ; sapeurs-mineurs, sapeurs des chemins de fer, sapeurs aérostiers, sapeurs télégraphistes, sapeurs conducteurs). Une mention spéciale sera portée vis-à-vis du nom de chacun des candidats qui aura demandé à bénéficier éventuellement des dispositions de l'article 5 du décret du 8 septembre 1910. La commission· du service de l'intendance et celle du service de santé dressent un état distinct pour les militaires provenant des sections de secrétaires.

Art. 34. Les commissions centrales adressent pour le 1er septembre, au plus tard, au Ministre (Direction de l'arme, Direction de l'Intendance. Direction du Service de santé) les listes de classement établies comme il est dit ci-dessus. Il y est joint une liste des candidats éliminés en exécution, soit des prescriptions du décret du 10 juin 1907, (art. 5), soit des dispositions de la présente instruction (art. 19 et 24).

Le Ministre arrête sur chacune d'elles le nombre de candidats admis.

Art. 35. Après que les listes d'admission aux différents cours spéciaux ont été arrêtées, le Ministre (Cabinet ; Inspection permanente des Écoles) opère sur les états de classement les prélèvements prévus par l'article 6 du décret du 8 septembre 1910, au bénéfice du cours spécial du train des équipages ou du cours spécial des élèves officiers d'administration. Les candidats ainsi nommés font l'objet de listes d'admission supplémentaires, s'il y a lieu.

DISPOSITIONS SPÉCIALES A L'INFANTERIE.

Art. 36. Les épreuves écrites commencent le 16 juillet (le 17, si le 16 est un dimanche, le 18, si le 16 est un samedi). Les candidats sont convoqués au chef-lieu du corps d'armée auquel ils appartiennent (à Tunis pour la division d'occupation de Tunisie).

Les sujets de composition et les imprimés nécessaires sont envoyés sous pli cacheté par le Ministre (Direction de l'Infanterie) aux commandants de corps d'armée.

Art. 37. L'examen des connaissances militaires suit les épreuves écrites.

En principe il a lieu devant neuf jurys, dont les centres et les ressorts sont désignés par le tableau ci-après, mais qui peuvent être modifiés par le Ministre (Direction de l'Infanterie) d'après le nombre des candidats présentés par les corps d'armée :

NUMÉROS des JURYS.	CENTRES D'EXAMEN.	PROVENANCE DES CANDIDATS RESSORTISSANT A CHAQUE CENTRE D'EXAMEN.
1	Paris.	Gouvernement militaire de Paris; 2° corps d'armée (5° brigade); 3° corps (6° division); 4° corps (7° division); 5° corps (10° division); Instituteurs présents à Joinville; 21° et 23° régiments d'infanterie coloniale.
2	Amiens.	1° et 2° corps (moins la 5° brigade); 3° corps (5° division).
3	Nancy.	6°, 20° et 7° corps (41° division); place d'Epinal.
4	Lyon.	7° corps (13° et 14° divisions); 8° corps (15° division); 14° corps.
5	Marseille.	15° et 16° corps; 4°, 8°, 22° et 24° régiments d'infanterie coloniale.
6	Limoges.	12°, 13°, 17° et 18° corps; 3° et 7° régiments d'infanterie coloniale.
7	Tours.	4° corps (8° division); 5° corps (9° division); 8° corps (16° division); 9°, 10° et 11° corps.
8	Alger.	19° corps.
9	Tunis.	Division d'occupation de Tunisie.

DISPOSITIONS SPÉCIALES A LA CAVALERIE.

Art. 38. Les épreuves écrites commencent le 10 juillet (le 11 si le 10 est un dimanche, le 12 si le 10 est un samedi).

Les candidats sont convoqués au chef-lieu du corps d'armée sur le territoire duquel est stationné leur régiment ; il est fait exception pour les 2°, 4°, 5°, 6°, 7°, 8°, 10°, 13°, 16° et 17° corps, dont les candidats subissent les épreuves écrites à :

Compiègne au lieu d'Amiens ;
Chartres au lieu du Mans ;
Melun au lieu d'Orléans ;

Reims au lieu de Châlons (1) ;
Vesoul au lieu de Besançon ;
Dijon au lieu de Bourges ;
Dinan au lieu de Rennes ;
Moulins au lieu de Clermont-Ferrand ;
Carcassonne au lieu de Montpellier ;
Montauban au lieu de Toulouse.

Les candidats de la division de Tunisie font leurs compositions à Tunis.

Pour l'arme de la cavalerie, les états qui, conformément au premier alinéa de l'article 6 de la présente instruction, doivent être adressés au Ministre (2ᵉ Direction) le 25 juin, sont accompagnés d'une liste nominative (noms et corps des candidats).

Art. 39. Les sujets de composition et les imprimés nécessaires sont envoyés sous pli cacheté par le Ministre (Direction de la Cavalerie) aux commandants d'armes des centres d'examen, qui assurent leur remise aux officiers surveillants.

Ces commandants d'armes prennent les mesures nécessaires pour l'organisation matérielle des différentes épreuves.

Art. 40. L'examen militaire a lieu dans les centres suivants, dans chacun desquels fonctionne un jury :

CENTRES D'EXAMEN.	RÉGIONS DE CORPS D'ARMÉE ET GARNISONS où stationnent les corps ressortissant à chaque centre.
Reims	Gouvernement militaire de Paris, 1ᵉʳ, 2ᵉ, 3ᵉ, 6ᵉ et 20ᵉ corps.
Angers	4ᵉ, 5ᵉ, 9ᵉ, 10ᵉ, 11ᵉ et 12ᵉ corps.
Lyon	7ᵉ. 8ᵉ. 13ᵉ et 14ᵉ corps.
Marseille	15ᵉ, 16ᵉ, 17ᵉ, 18ᵉ et 19ᵉ corps et division de Tunisie.

Art. 41. L'examen militaire commence immédiatement après les compositions écrites dans l'un des quatre centres ci-dessus

---

(1) En raison du nombre des régiments de cavalerie stationnés dans le 6ᵉ corps d'armée, le général commandant ce corps d'armée est autorisé à répartir les candidats entre les deux centres d'examen (Reims et Verdun). Les renseignements à fournir en exécution des prescriptions de l'article 6 de la présente instruction devraient faire mention de cette répartition.

désignés ; il est passé successivement dans les trois autres centres, suivant l'ordre et aux dates fixées annuellement par le Ministre (2e Direction) (1).

Les candidats sont examinés par corps d'armée et, dans chaque corps d'armée, dans l'ordre alphabétique.

Art. 42. Le même colonel ou lieutenant-colonel préside successivement les différents jurys régionaux, dont la composition est fixée par l'article 3 du décret du 10 juin 1907.

DISPOSITIONS SPÉCIALES A L'ARTILLERIE ET AU TRAIN DES ÉQUIPAGES.

Art. 43. Les épreuves écrites commencent le 16 juillet (le 17 si le 16 est un dimanche, le 18 si le 16 est un samedi). Elles ont lieu dans les centres ci-après désignés :

---

(1) En règle générale, les candidats attachés au centre de Marseille seront examinés en dernier lieu, de façon à ce que les militaires d'Algérie et Tunisie, dont les compositions écrites, déjà corrigées et cotées, auront déterminé l'élimination, ne soient pas inutilement déplacés.

Cette mesure pourra d'ailleurs être appliquée aux autres centres, pour les candidats dont les épreuves écrites auront été corrigées et cotées avant la date de leur convocation au centre d'examen.

CENTRES D'EXAMEN pour les ÉPREUVES ÉCRITES et pour l'examen militaire.	RÉGIONS DE CORPS D'ARMÉE qui ALIMENTERONT CES CENTRES en candidats des régiments d'artillerie métropolitaine, des régiments d'artillerie coloniale (batteries à pied exceptées) et des escadrons.	RÉGIMENTS OU BATTERIES D'ARTILLERIE A PIED dont les candidats subiront les épreuves ci-contre.
Versailles	Gouvernement militaire de Paris, 1er, 2e et 3e corps.	
Le Mans	4e, 9e, 10e et 11e corps; 1er et 2e régiments d'artillerie coloniale.	
Toulouse	16e, 17e et 18e corps.	
Nîmes	14e et 15e corps, 3e rég. d'artillerie coloniale.	
Bourges	5e, 8e, 12e et 13e corps.	
Besançon	7e corps	8e, 9e et 11e régiments d'artillerie à pied.
Toul	6e et 20e corps	7e régiment d'artillerie à pied (batteries de place) 5e et 6e régiments d'artillerie à pied (y compris les batteries stationnées dans le gouvernement militaire de Paris). 1er régiment d'artillerie à pied (batteries de place).
Alger	19e corps	6e groupe à pied d'Afrique.
Cherbourg		2e, 3e et 4e régiments d'artillerie à pied. 1er régiment d'artillerie à pied (batteries de côte). Batteries à pied des 1er et 2e régiments d'artillerie coloniale.
Toulon		10e régiment d'artillerie à pied. 7e régiment d'artillerie à pied (batteries de côte). Batteries à pied du 3e régiment d'artil. coloniale.
Bizerte	Division d'occupation de Tunisie.	7e groupe à pied d'Afrique.

L'examen de connaissances militaires suit immédiatement l'exécution des épreuves écrites et a lieu dans les mêmes centres, dans chacun desquels fonctionne un jury.

Art. 44. Les sujets de composition et les imprimés nécessaires sont envoyés sous pli cacheté par le Ministre (Direction de l'Artillerie) aux commandants d'armes des centres d'examen, qui assurent leur remise aux officiers surveillants.

Ces commandants d'armes prennent les mesures nécessaires pour l'organisation matérielle des différentes épreuves.

DISPOSITIONS SPÉCIALES AU GÉNIE.

Art. 45. *Épreuves écrites.* — Les épreuves écrites ont lieu les deux premiers jours non fériés consécutifs qui suivent le 15 juillet.

Les candidats subissent les épreuves écrites à l'École du génie constituée auprès de la portion centrale du régiment ou du bataillon détaché auquel ils appartiennent ; les sapeurs télégraphistes du 24ᵉ bataillon subissent ces épreuves au dépôt de télégraphie militaire du Mont-Valérien et les sapeurs aérostiers au dépôt du matériel aéronautique de Versailles.

Les candidats appartenant aux compagnies du génie stationnées en Tunisie subissent les épreuves écrites à la chefferie du génie de Bizerte.

Les directeurs desdites écoles, le directeur du dépôt de télégraphie militaire, le directeur du dépôt de matériel aéronautique de Versailles et le directeur du génie de Tunis pourvoient aux installations nécessaires ; ils reçoivent du Ministre (Direction du Génie) les plis cachetés contenant les sujets des compositions et les remettent aux officiers surveillants.

Art. 46. *Examen militaire.* — Les examens militaires commencent le premier mardi qui suit le 20 juillet (si le 20 juillet est un mardi, ils commencent le jour même). Ils ont lieu devant six jurys dans les centres d'examen ci-après désignés :

NUMÉROS DES JURYS.	CENTRES D'EXAMEN.	CORPS DE TROUPES ET UNITÉS ressortissant à chaque centre.
1	Versailles......	1ᵉʳ régiment, sapeurs aérostiers, 3ᵉ et 6ᵉ régiments.
2	Versailles et Mᵗ-Valérien......	5ᵉ régiment (bataillons de sapeurs de chemins de fer et de sapeurs télégraphistes).
3	Avignon	2ᵉ, 4ᵉ et 7ᵉ régiments, compagnies 14/4.
4	Toul............	6ᵉ, 7ᵉ et 20ᵉ bataillons (y compris la compagnie 7/4 de Belfort, non compris les compagnies de sapeurs aérostiers).
5	Alger..........	26ᵉ bataillon (unités d'Algérie).
6	Bizerte..........	Compagnies 26/6 et 26/7.

DISPOSITIONS SPÉCIALES AU SERVICE DE L'INTENDANCE ET AU SERVICE DE SANTÉ.

Art. 47. Pour les candidats élèves officiers d'administration du service de l'intendance, les épreuves écrites commencent le 10 juillet (le 11 si le 10 est un dimanche, le 12 si le 10 est un samedi).

Pour les candidats élèves officiers d'administration de réserve du service de santé, les épreuves écrites commencent le 16 juillet (le 17 si le 16 est un dimanche ; le 18, si le 16 est un samedi).

Ces épreuves ont lieu dans les centres d'examen ci-après désignés :

CENTRES D'EXAMEN.	RÉGIONS DE CORPS D'ARMÉE ressortissant à chaque centre.
Paris....................	Gouvernem. militaire de Paris, 1re, 2e, 3e, 4e, 5e, 6e, 9e, 10e, 11e et 20e régions de corps d'armée.
Lyon.....................	Gouvernement militaire de Lyon, 7e, 8e, 13e, 14e et 15e régions de corps d'armée.
Toulouse.................	12e, 16e, 17e et 18e régions de corps d'armée.
Alger....................	Divisions d'Alger, d'Oran et de Constantine.
Tunis....................	Division d'occupation de Tunisie.

L'examen de connaissances militaires suit immédiatement l'exécution des épreuves écrites et a lieu dans les mêmes centres.

Les jurys d'examens régionaux ont la composition déterminée par l'article 3 du décret du 10 juin 1907 modifié le 8 septembre 1910.

Art. 48. Les sujets de composition et les imprimés nécessaires sont envoyés sous pli cacheté par le Ministre (Direction de l'Intendance ou Direction du Service de santé) aux généraux gouverneurs militaires de Paris ou de Lyon, ainsi qu'aux commandants des 17e et 19e corps d'armée et de la division d'occupation de Tunisie. Ces autorités prennent, dans les centres précités, les mesures nécessaires pour l'organisation matérielle des diverses épreuves.

Art. 49. La répartition des élèves officiers d'administration de réserve du service de l'intendance entre les différentes sections de ce service est faite à l'ouverture du cours spécial d'après les instructions adressées par le Ministre (5e Direction) au sous-intendant directeur du cours.

DISPOSITIONS SPÉCIALES AUX TROUPES COLONIALES.

Art. 50. Les candidats de l'infanterie coloniale sont examinés avec ceux de l'infanterie métropolitaine et les dispositions spéciales de l'infanterie leur sont applicables.

Pour les candidats de l'artillerie coloniale, il convient de se reporter aux dispositions spéciales à l'artillerie métropolitaine.

Tous les élèves officiers de réserve des troupes coloniales sont versés, dès leur nomination, dans des corps métropolitains.

MODÈLE Nº 1.

Instruction
du 30 décembre 1910.

RÉPUBLIQUE FRANÇAISE.

Concours pour l'obtention du titre d'élève officier de réserve.

ANNÉE 19 .

(1)

(2)

<table>
<tr><td>

Numéro du registre matricule :
Nom :
Prénoms :
Grade :
Né le
à
canton de
département d
Profession :
Diplômes universitaires :

Poids (3) :
Taille (3) :

</td><td>

Services successifs.
—

Entré au service le
comme (4)
incorporé au

changement de corps }
s'il y a lieu... .... }

caporal ou brigadier le

</td></tr>
</table>

1) Indiquer l'arme ou le service.

(2) Indiquer le corps.

(3) Pour la cavalerie seulement.

(4) Appelé de la classe, ajourné de la classe ou engagé volontaire par devancement d'appel.

(5) Officier ou officier d'administration.

(6) Indiquer l'arme ou le service ; pour l'artillerie et le génie, indiquer la subdivision d'arme.

7) Sous-lieutenant ou officier d'administration.

Le soussigné déclare poser sa candidature pour le titre d'élève (5)   de réserve (6)   et demande à être autorisé à prendre part au concours prévu à cet effet par l'article 24 de la loi du 21 mars 1905.

Le soussigné s'engage, dans le cas où il serait nommé (7)   de réserve, à accomplir trois périodes supplémentaires d'instruction pendant son séjour dans la réserve, conformément à l'article 24 de la loi susvisée.

A   , le   19 .

(Signature du candidat.)

Relevé des punitions.

DATES des PUNITIONS.		GENRE DE PUNITIONS et NOMBRE DE JOURS.			PAR QUI les PUNITIONS ont été infligées.	MOTIF des PUNITIONS.
Totaux.........						
Total général..						

AVIS MOTIVÉ DU CHEF DE CORPS OU DE SERVICE.

(Signature
du
chef de corps
ou
de service.)

NOTE NUMÉRIQUE D'APTITUDE GÉNÉRALE.
Commandant de compagnie (escadron ou batterie)...............
Chef de bataillon ou d'escadron...........
Chef de corps...........

APPRÉCIATION DU GÉNÉRAL DE BRIGADE
(*ou* DU DIRECTEUR DU SERVICE).

APPRÉCIATION DU GÉNÉRAL DE DIVISION.

DÉCISION DU GÉNÉRAL COMMANDANT LE CORPS D'ARMÉE.

Autorisation (1)

Le Général commandant le corps d'armée,

(1) Accordée *ou* refusée.

Examen militaire.

MATIÈRES DE L'EXAMEN.	NOTE.	COEF-FICIENTS.	NOMBRE DE POINTS.
Note d'aptitude générale..		10	
TOTAL des points obtenus.......			

A   , le   19   .

CERTIFIÉ :

Le Président du jury d'examen,

MODÈLE N⁰ 2.

Arme {

CONCOURS

POUR L'OBTENTION DU TITRE D'ÉLÈVE OFFICIER DE RÉSERVE DU TRAIN DES ÉQUIPAGES.

ANNÉE 19 .

Le soussigné (nom, prénoms, grade, corps), candidat élève officier de réserve de { la cavalerie / l'artillerie } demande, dans le cas où son classement ne lui permettrait pas d'obtenir ce titre, à être nommé élève officier de réserve du train des équipages, par application des dispositions de l'article 5 du décret du 8 septembre 1910.

A , le 19 .

MODÈLE Nº 3.

Arme
ou
service

CONCOURS

POUR L'OBTENTION DU TITRE D'ÉLÈVE OFFICIER D'ADMINISTRATION DE RÉSERVE.

ANNÉE 19 .

Le soussigné (nom, prénoms, grade, corps), candidat élève officier de réserve de (infanterie, cavalerie, artillerie, génie) demande, dans le cas où son classement ne lui permettrait pas d'obtenir le titre d'élève officier de réserve de cette arme, à être nommé élève officier d'administration de réserve (1), conformément aux dispositions de l'article 5 du décret du 8 septembre 1910.

A , le 19 .

(1) Sans distinction de service.

ANNÉE 19   .

MODÈLE Nº 4.

ÉTAT NUMÉRIQUE des militaires de (arme ou service) *qui ont été autorisés à concourir pour le titre d'élève officier de réserve* (élève officier d'administration de réserve).

CORPS de TROUPE.	NOMBRE DES CANDIDATS autorisés à concourir.	NOMBRE DES CANDIDATS ayant demandé à être éventuellement nommés élève officier de réserve du train (1).	NOMBRE DES CANDIDATS ayant demandé à être éventuellement nommés élève officier d'administration de réserve.	OBSERVATIONS.
				(1) Pour les armes montées seulement.

A   . le   juin 19   .

Le Général commandant le   ᵉ corps d'armée.

ANNEXE.

A. — Compositions écrites.

Les coefficients attribués aux différentes compositions sont les suivants :

1° Infanterie, cavalerie, artillerie et train des équipages, génie.

Dictée..	6
Arithmétique..	6
Histoire et géographie..........................	6
Composition sur un sujet militaire..........	7
TOTAL....................	25

2° Services de l'intendance et de santé.

Dictée..	15
Arithmétique..	12
Histoire et géographie..........................	10
Composition sur un sujet militaire..........	13
TOTAL....................	50

B. — Note d'aptitude générale.

Le coefficient de la note d'aptitude générale, fixée comme il est dit à l'article 29 de la présente instruction, est pour toutes les armes et services de : 10.

C. — Programmes et coefficients des épreuves militaires.

INFANTERIE.

Le programme de l'examen d'instruction militaire imposé pour l'obtention du titre d'élève officier de réserve d'infanterie est celui qui figure dans le programme d'ensemble de l'instruction à donner aux troupes d'infanterie approuvé par le Ministre le 4 juin 1910.

CAVALERIE.

L'examen porte sur les matières indiquées au tableau récapitulatif des enseignements à donner aux cavaliers, brigadiers et sous-officiers. (Décret du 12 mai 1899 portant règlement sur les exercices et les manœuvres de la cavalerie, modifié le 1er septembre 1904. — Bases de l'instruction.)

Les coefficients attribués aux différentes matières sont les suivants :

Examen théorique.

Règlement d'exercices.	7
Service des armées en campagne et transport des troupes par les voies ferrées.	3
Service de la cavalerie en campagne et lecture de la carte.	5
Hippologie et maréchalerie.	3
Tir.	2
Service intérieur.	2
Service de place.	1
Notions sur la comptabilité de l'escadron.	2

25

Examen pratique.

Règlement d'exercices.	14
Service en campagne et emploi de la carte.	11
Équitation.	14
Escrime.	1

40

Total. 65

ARTILLERIE.

L'examen portera sur les matières qui sont enseignées aux élèves brigadiers et aux candidats sous-officiers et dont le programme est fixé par les bases générales de l'instruction dans les règlements de manœuvre de l'artillerie de campagne, de l'artillerie de montagne, de l'artillerie à pied et du train des équipages militaires.

Toutefois, pour les candidats de l'artillerie, le programme du cours spécial devra comprendre une instruction sur le tir assez complète pour permettre de constater l'aptitude des candidats à conduire ultérieurement un tir de batterie.

Les matières sur lesquelles les candidats devront être examinés, ainsi que les coefficients à leur attribuer, sont énumérés ci-après :

ARTILLERIE DE CAMPAGNE ET DE MONTAGNE.

Connaissances théoriques.

1° Règlements.	Service intérieur et dans les places.	10
	Service en campagne.	
2° Cours spécial et instruction sur le tir.	15

Total. 25

Connaissances pratiques (artillerie de campagne).

3° Instruction à pied.. 2
4° Instruction d'artillerie. 10
5° Conduite des voitures, pièce attelée. — Service en cam-
    pagne. 20
6° Equitation. 8

                            Total...................... 40

Connaissances pratiques (artillerie de montagne).

3° Instruction à pied.. 10
4° Instruction d'artillerie. 10
5° Conduite et chargement des mulets. — Service en cam-
    pagne. 20

                            Total...................... 40

ARTILLERIE A PIED.

Connaissances théoriques.

1° Règlements : Service intérieur et dans les places...... 5
2° Cours spécial et instruction sur le tir.................. 15
3° Notions d'organisation du tir dans les places, ou, pour
    les bataillons côtiers : Notions sur l'organisation dé-
    fensive des côtes.. 5

                            Total...................... 25

Connaissances pratiques.

4° Instruction à pied.. 5
5° Instruction d'artillerie. 25
6° Notions sur la pose et l'exploitation de la voie de 0^m,60,
    ou, pour les bataillons côtiers : Notions sur le fonc-
    tionnement des postes photo-électriques............. 10

                            Total...................... 40

TRAIN DES ÉQUIPAGES MILITAIRES.

Connaissances théoriques.

1° Règlements. } Service intérieur et dans les places...... 5
               } Service en campagne................... 10
2° Cours spécial. 10

                            Total...................... 25

Connaissances pratiques.

3° Instruction à pied.. 5
4° Instruction à cheval et conduite des voitures............. 15
5° Conduite des mulets de bât................................ 10
6° Equitation. 10

                            Total...................... 40

GÉNIE.

I. — Connaissances théoriques.

Coefficients.

1° Règlement sur les manœuvres d'infanterie.

Commandements, signaux et ordres......................
Ecole du soldat, école de section, formations de la compagnie. . . . .

2° Règlement sur l'instruction du tir.

Instruction technique et tactique du tireur...............

3° Instruction sur le matériel de tir.

Fusil 1886 M. 93 et cartouche............................

10

4° Règlement sur le service intérieur.

Titre III. — *Le capitaine.* — Chapitres VI et VII........
Titre IV. — *Discipline générale.* — Chapitre IX; chapitre X (art. 89)..............................
Titre V. — *Les services.* — Chapitres XII, XIV, XV; chapitre XVI (art. 108); chapitre XVIII; chapitre XXIII....
Titre VI. — *Cérémonial.* — Chapitre XXIV (art. 165)....
Titre VII. — *Les sanctions.* — Chapitres XXVII, XXVIII, XXIX; chapitres XXI, XXII; chapitre XXXIV............

5° Règlement sur le service de place.

Ire PARTIE. — SERVICE DE GARNISON.

Chapitre I. — Organisation du service (art. 3, 7, 9, 11, 16 et 22). . . ..
Chapitre II. — Exécution du service. Entier.............
Chapitre III. — Police militaire (art. 41, 42, 43, 48, 69 à 73, 81). . . ..
Chapitre IV. — Dispositions spéciales aux places de guerre (art. 82, 97, 98, 99)..................
Chapitre VI. — Honneurs et préséances (art. 118, 119, 120, 121, 126 à 130, 132, 144).....................

7

6° Service en campagne. — Instruction pratique sur le service du génie en campagne.

Connaissances nécessaires à un chef de section en ce qui concerne : le service de sûreté en marche et en station, les marches, les cantonnements et bivouacs, l'alimentation en campagne, les passages de cours d'eau........

6

7° Transport par chemin de fer des troupes du génie.

Tenue et paquetage; vivres; embarquement des hommes et des voitures; mesures de police et de sécurité. — Débarquement. . . . .

2

II. — Connaissances pratiques et techniques.

a) Exercice pratique sur l'instruction militaire proprement dite (manœuvre, tir et service en campagne)... } 20

b) Instruction technique (examen variable suivant les subdivisions de l'arme, comportant des interrogations sur les prescriptions des cahiers d'instruction et, quand il sera possible de les exécuter, des exercices d'application de ces prescriptions). . . .. } 20

A. — CANDIDATS APPARTENANT AUX COMPAGNIES DE SAPEURS MINEURS.

Fortification de campagne.

Tranchées et retranchements.
Revêtements.
Défenses accessoires.

Sapes.

Confections.
Profils et construction des tranchées et des sapes.

Mines.

Mise du feu; amorçage d'une cartouche de mélinite; cordeau détonant; rupture d'un rail, d'une poutre.
Définition générale des puits, galeries et fourneaux de mine.
Dispositifs de mine permanents, description, chargement.

Ponts.

Ecole de nœuds.
Chevalet rapide; construction d'un pont de chevalets rapides.
Exercices de la rame et de la gaffe.
Ecole du bateau à la rame et à la gaffe.
Construction et repliement d'un pont par bateaux successifs.

B. — CANDIDATS APPARTENANT AUX COMPAGNIES DE SAPEURS DE CHEMINS DE FER.

Voie (instruction de détail).

Infrastructure; tracé; profil, exécution des terrassements.
Superstructure; pose; réparations; pose de voie rapide.

Matériel roulant.

Connaissances sommaires; déraillement.

Ponts métalliques.

Description détaillée.
Paries; mode d'emploi.
Montage et démontage.

Charpentes.

Notions générales.
Battage des pieux.

Destructions.

Notions sur les artifices; leur mode d'emploi.
Destruction du matériel, de la voie, des ouvrages d'art.

Levers.

Notions précises sur les appareils simples, générales sur les autres.
Mode de tracé d'une déviation.

Fortification de campagne et sapes.

Tranchées et retranchements; revêtements.
Confections.

Ponts.

Notions sommaires sur l'école de navigation et la construction des ponts de circonstance.

C. — CANDIDATS APPARTENANT AUX COMPAGNIES DE SAPEURS AÉROSTIERS.

Nomenclature du matériel aérostatique. — Notions sommaires sur son emploi.
Exercices de détails; chargement des voitures; manipulation élémentaire des cordages, suspensions, filets et ballons; montage des soupapes; arrimages pour ascensions libres et captives.
Manœuvres; gonflements; notions sommaires sur la préparation de l'hydrogène, notions sommaires sur la pratique des ascensions captives et libres.
Fortification de campagne; tranchées et retranchements; revêtements.
Sapes; confections.
Destructions; artifices, leur mode d'emploi (notions sommaires).

D. — CANDIDATS APPARTENANT AUX COMPAGNIES
DE SAPEURS TÉLÉGRAPHISTES.

Description, entretien et réglage des appareils réglementaires des postes électriques, optiques et téléphoniques.
Règles de service.
Manipulation des appareils électriques; lecture à la bande et au son; transmission et réception à l'optique; emploi du téléphone.
Montage des postes; recherche des dérangements dans les postes.
Construction, entretien et réparation des lignes fixes ou de campagne.
Destructions, artifices, leur mode d'emploi (notions sommaires).

E. — CANDIDATS APPARTENANT AUX COMPAGNIES
DE SAPEURS CONDUCTEURS.

École du cavalier à cheval.
École du cavalier conducteur.
École du conducteur en guides.
Harnachement; description et entretien.
Notions sommaires sur les travaux techniques et le matériel des unités à pied du corps de troupe auquel appartient le candidat.

SERVICE DE L'INTENDANCE ET SERVICE DE SANTÉ.

I. — Instruction militaire.... Coefficient.   10

Règlement de manœuvre de l'infanterie. — Tir. — Armement.

Application pratique de l'école du soldat et de l'école de section. — Pratique du tir individuel. — Démontage, remontage, fonctionnement et entretien du fusil 1886-93.

Règlement sur le service intérieur.

TITRE III. — *Le capitaine.* — Chapitres VI et VII.
TITRE IV. — *Discipline générale.* — Chapitre IX; chapitre X (art. 89).
TITRE V. — *Les services.* — Chapitre XII, XIV, XV; chapitre XVI (art. 108); chapitre XVIII; chapitre XXIII.
TITRE VI. — *Cérémonial.* — Chapitre XXIV (art. 165).
TITRE VII. — *Les sanctions.* — Chapitres XXVII, XXVIII, XXIX; chapitres XXI, XXII; chapitre XXXIV.

Règlement sur le service de place.

Ire PARTIE. — SERVICE DE GARNISON.

Chapitre Ier. — Organisation du service (art. 3, 7, 9, 11, 16 et 22).
Chapitre II. — Exécution du service. Entier.
Chapitre III. — Police militaire (art. 41, 42, 43, 48, 69 à 73, 81).
Chapitre IV. — Dispositions spéciales aux places de guerre (art. 82, 97, 98, 99).
Chapitre VI. — Honneurs et préséances (art. 118, 119, 120, 121, 126 à 130, 133, 144).

Instruction sur le service en campagne.

Cantonnements et bivouacs.
Alimentation des troupes en campagne.
Réquisitions.
Des convois et de leur escorte.

Topographie.

Lecture de la carte d'état-major.

II. — Administration générale.. Coefficient.   15

Organisation générale de l'armée. — Division du territoire.
Organisation des corps d'armée.
Recrutement de l'armée. — Loi du 21 mars 1905. — Loi du 16 mars 1882 sur l'administration de l'armée. — Composition de l'armée active : états-majors, corps et services.
Administration des corps de troupe. — Conseil d'administration.
Unités administratives. — Fonctions du sergent-major et du fourrier.
Allocations en deniers et en nature. — Prêt. — Principales masses.
Ordinaire de la troupe. — Ressources et charges; gestion. — Service de l'habillement; fonds commun et fonds particulier. — Notions sur la comptabilité des unités administratives.

A reporter.......   25

Report......... 25

III. — Connaissances particulières à chaque service. Coefficient. 15

1° SERVICE DE L'INTENDANCE.

a) *Bureaux de l'intendance.*

Organisation et répartition générales du personnel de direction de l'intendance en temps de paix;

Organisation intérieure des bureaux dans une direction, ou dans une sous-intendance;

Exécution pratique du service des fonds dans une sous-intendance militaire;

Exécution pratique, dans une sous-intendance militaire, du service de transports ordinaire du matériel de guerre;

Exécution pratique du service des frais de déplacement dans une sous-intendance militaire.

b) *Subsistances militaires.*

Notions très sommaires sur :
L'organisation et le fonctionnement du service des subsistances en temps de paix;
La fabrication du pain;
Les modes de conservation des denrées;
Les principes généraux des comptabilités matières et deniers.

c) *Habillement et campement.*

Notions très sommaires sur :
L'organisation du service : objet, direction, exploitation, établissements; personnels de gestion et d'exploitation; personnel chargé de la vérification et de la réception du matériel;
Le fonctionnement du service : fourniture des draps, toile et effets de la première portion; services du campement, du couchage et de l'ameublement, du harnachement des chevaux de la cavalerie; les principes généraux des comptabilités-matières et deniers.

2° SERVICE DE SANTÉ.

a) *Organisation générale du service de santé en temps de paix.*

Composition et attributions du personnel du service.
Organisation des sections d'infirmiers militaires.
Notions sur le fonctionnement du service dans les hôpitaux militaires. — Division et rôle des services administratifs.

b) *Organisation générale du service de santé en campagne.*

Objet et répartition des formations sanitaires.
Fonctions des officiers d'administration dans les divers organes du service de santé en campagne.

c) *Manœuvres spéciales au service de santé.*

Exercices des brancardiers.
Divers modes de transport des blessés. — Emploi du matériel du service.
Convois sanitaires. — Chargement des blessés.

TOTAL des coefficients d'instruction militaire et technique.. 40

Instruction relative à l'organisation et au fonctionnement des cours spéciaux d'élèves officiers de réserve.

Paris, le 14 septembre 1908 (1).

TITRE Ier.

Organisation et fonctionnement des cours spéciaux.

§ 1. — *Organisation des cours. Dispositions générales.*

Art. 1er. Les militaires désignés par le Ministre, à la suite du concours annuel institué par l'article 24 de la loi du 21 mars 1905 sur le recrutement de l'armée et réglementé par le décret du 10 juin 1907 et l'instruction pour l'application de ce décret (2) sont nommés élèves officiers de réserve (ou élèves officiers d'administration de réserve) à la date du 1er octobre.

Ceux d'entre eux qui, avant cette date, étaient pourvus du grade de caporal (brigadier) ou de sergent (maréchal des logis), sont placés, avec leur grade, en surnombre des cadres, à leur corps d'origine (3).

Art. 2. Les cours spéciaux institués par l'article 24 de la loi du 21 mars 1905 précité, commencent à fonctionner du 1er au 10 octobre de chaque année.

Pour suivre ces cours, les élèves de chaque arme ou service sont groupés conformément aux indications ci-dessous.

Art. 3. Les groupes d'instruction d'élèves officiers de réserve de l'infanterie, de la cavalerie, de l'artillerie et du train des équipages sont rattachés à des corps de troupes.

Les élèves officiers de réserve du génie sont réunis en un groupe unique, à Versailles, quelle que soit la subdivision de l'arme dont ils proviennent. Ce groupe est rattaché pour ordre au 1er régiment du génie ; mais il fonctionne comme une école, sous la direction de son cadre spécial.

Les élèves officiers d'administration de réserve sont réunis en un groupe unique rattaché à l'Ecole d'administration militaire de Vincennes.

---

(1) Mise à jour par l'incorporation dans le texte des modifications qui y ont été apportées par la modification du 31 octobre 1908 (*B. O.*, p. r., p. 1810) et les circulaires des 10 septembre 1909 (*B. O.*, p. r., p. 1511), et 25 novembre 1909 (*B. O.*, p. r., p. 1889).

(2) Instruction du 30 décembre 1910 (voir page 7).

(3) Alinéa nouveau.

Art. 4. Les militaires des troupes coloniales nommés élèves officiers de réserve sont affectés, ceux de l'infanterie coloniale à des régiments d'infanterie, ceux de l'artillerie coloniale à des régiments d'artillerie de troupes métropolitaines, au moment de leur nomination.

Ils accomplissent dans les troupes métropolitaines la durée totale de service actif qu'il leur reste à fournir.

Les militaires de la cavalerie et de l'artillerie nommés élèves officiers de réserve du train des équipages sont affectés, dès leur nomination, à l'escadron du train de la région du corps d'armée auquel ils appartiennent (en Algérie, aux compagnies du train des divisions).

Les escadrons du train (ou les compagnies) assument, à l'égard de ces jeunes gens, toutes les obligations imposées au corps d'origine par la présente instruction (1).

Les militaires dont il s'agit, qu'ils obtiennent ou non le grade de sous-lieutenant de réserve, accomplissent dans le train des équipages la durée totale du service actif qu'il leur reste à fournir.

Art. 5. Sous les réserves qui seront indiquées dans le texte, les dispositions de la présente instruction visant les cours spéciaux des élèves officiers de réserve sont applicables aux cours spéciaux des élèves officiers d'administration de réserve du service de l'intendance et du service de santé. A cet effet, les mots « élève officier d'administration de réserve » doivent être substitués aux mots « élève officier de réserve » et ceux de « officier d'administration de 3ᵉ classe de réserve » doivent remplacer ceux de « sous-lieutenant de réserve ».

Art. 6. Des notifications annuelles feront connaître, pour chaque arme ou service :

1° La liste des jeunes gens ayant obtenu le titre d'élève officier de réserve à la suite du concours institué par le décret du 10 juin 1907 (ces listes seront insérées au *Journal officiel*);

2° S'il y a lieu, le mode de groupement des élèves officiers de réserve des différents corps d'armée et les garnisons où fonctionneront les cours spéciaux ;

3° La date d'ouverture des cours ;

4° La composition du cadre des officiers instructeurs de chaque groupe (voir article 7 ci-dessous).

§ 2. — *Commandement. Personnel chargé de l'instruction.*

Art. 7. Chaque cours spécial est placé sous le commande-

---

(1) Ils sont en particulier chargés d'habiller les élèves et de leur fournir un cheval.

ment et la surveillance des mêmes autorités que le corps de troupes ou l'établissement auquel il est rattaché.

Ces autorités exercent, vis-à-vis du personnel du cours spécial, les attributions définies par l'instruction sur le service courant, sous les réserves spécifiées par la présente instruction.

Art. 8. Les officiers instructeurs des cours spéciaux des différentes armes sont désignés par le Ministre (Direction d'arme).

Le cadre de chaque groupe d'instruction comprend, en principe :

1 officier supérieur, directeur du cours ;
1 capitaine pour 50 élèves environ ;
1 lieutenant pour 25 élèves environ.

Des sous-officiers rengagés sont attachés à chaque groupe, pour les nécessités du service intérieur, à raison d'un sous-officier pour 25 élèves environ. Toutefois, il n'est affecté à chaque cours spécial d'infanterie qu'un adjudant et un sergent rengagé, quel que soit le nombre des élèves officiers de réserve du cours. Ces sous-officiers sont désignés par le général commandant la région de corps d'armée.

L'instruction des élèves officiers d'administration de réserve des services de l'intendance et de santé est faite par les professeurs de l'Ecole d'administration militaire de Vincennes, sous la direction du directeur de l'école.

Art. 9. Sur la demande du directeur du cours spécial, des officiers de la garnison dans laquelle fonctionnera ce cours peuvent être chargés par le général commandant le corps d'armée de faire des conférences aux élèves ou de participer à des exercices d'application sur certaines parties du programme (1).

Des conférences d'hygiène sont faites dans les mêmes conditions par des médecins militaires de la garnison.

Art. 10. Le directeur du cours est chargé d'organiser le cours dans tous ses détails en se conformant aux dispositions de la présente instruction. Il provoque, au besoin, les ordres ou les autorisations des autorités dont relève le cours qu'il dirige, en vue d'assurer son bon fonctionnement à l'aide des ressources de la garnison (personnel, matériel, terrain de manœuvres, champs de tir...).

Il règle l'emploi du temps et répartit les différentes parties de l'enseignement entre les officiers mis à sa disposition.

---

(1) Pour le cours spécial du génie, ces dispositions sont également applicables aux officiers du bataillon de sapeurs télégraphistes en garnison au Mont-Valérien.

Il jouit, vis-à-vis du cadre et des élèves du groupe d'instruction, des droits d'un chef de bataillon ou d'escadron dans l'unité qu'il commande (1).

Les autres officiers du cadre ont, dans le groupe, les droits dévolus aux officiers de compagnie, d'escadron ou de batterie dans leur unité.

Art. 11. Le général commandant la région de corps d'armée décide, pour chacun des groupes d'élèves officiers de réserve placés sous son commandement, si les officiers et les sous-officiers du cadre doivent être dispensés de tout service étranger au cours spécial, ou dans quelle mesure ils doivent être dispensés de leur service habituel.

§ 3. — *Situation militaire des élèves.*

Art. 12. L'élève officier de réserve jouit de tous les avantages que les règlements confèrent actuellement aux sous-officiers non rengagés, au point de vue de la solde et des indemnités, des appellations, des marques extérieures de respect, du service intérieur (permissions, punitions...) et de la manière de vivre.

Il doit le salut aux sous-officiers rengagés.

Ces avantages et ces droits sont attachés à la situation même d'élève officier de réserve ; ils sont annulés, de fait, en cas de radiation du cours spécial.

Art. 13. Sera signalé au Ministre (Direction d'arme), par un rapport particulier du directeur du cours spécial, transmis par la voie hiérarchique, tout élève qui se trouvera dans le cas d'être rayé du cours, soit sur sa demande motivée, soit d'office (pour manque de zèle ou d'aptitude, faute contre l'honneur ou la discipline, absences prolongées ou fréquentes).

Le Ministre prononcera, s'il y a lieu, le renvoi de l'élève officier de réserve à son corps d'origine, soit comme sous-officier, soit comme caporal ou brigadier, soit comme simple soldat, suivant les motifs de la radiation et en tenant compte

---

(1) Le directeur du cours spécial du génie a l'autorité et les prérogatives d'un chef de corps vis-à-vis de tout le personnel, en ce qui concerne la police, la discipline et l'instruction. Il relève directement du Ministre (4e Direction) pour l'organisation du cours et les programmes d'enseignement dans les conditions admises par l'Ecole militaire de l'artillerie et du génie. Il relève du gouverneur de Paris, par l'intermédiaire du général commandant la brigade du génie, pour le personnel, la police et la discipline, et par l'intermédiaire du colonel commandant le 1er régiment du génie, pour toutes les questions administratives, l'utilisation des polygones, champs de tir, écoles de ponts, ainsi que pour l'organisation du cours d'équitation.

du grade et de l'ancienneté de grade acquis par l'intéressé avant son admission au cours spécial.

Art. 14. Les élèves officiers de réserve réintégrés dans un corps de troupes comme sous-officiers, caporaux ou brigadiers, soit en' exécution de l'article' précédent, soit en exécution des articles 35, 36 et 42 ci après, sont maintenus ou placés en surnombre des cadres dans les unités auxquelles ils sont affectés. Ils sont appelés à combler les premières vacances qui se produisent dans leur grade, après leur retour au corps.

Pour le décompte des services et la fixation de l'ancienneté, le temps passé au cours spécial est compté comme temps passé dans le grade dont l'élève officier de réserve était détenteur avant son admission aū cours spécial.

Art. 15 Les demandes des sous-lieutenants de réserve (officiers d'administration de 3ᵉ classe du cadre auxiliaire) qui, pendant leur quatrième semestre de service dans l'armée active, offrent leur démission de leur grade, pour continuer à servir dans cette armée, sont l'objet d'un examen soumis à la décision du Ministre.

Le Ministre détermine le grade dans lequel l'intéressé doit être replacé, ainsi que le décompte de ses services, en tenant compte des conditions particulières à l'arme ou au service.

Art. 16. L'obtention du titre d'élève officier de réserve et le passage par le cours spécial sont mentionnés sur les feuilles matricules, livrets matricules, certificats et états de service, ainsi que sur les livrets individuels d'homme de troupe, sous la forme suivante :

A obtenu le titre d'élève officier de réserve à la date du 1ᵉʳ octobre 19...

A suivi le cours spécial du..... au.....

Puis, suivant le cas :

A satisfait aux examens de fin de cours.

Ou :

Rayé dudit cours par décision ministérielle du.....

Ces incriptions sont faites aux livrets sous la rubrique : Instructions, stages et emplois spéciaux.

Art. 17. Pour chaque élève, le corps d'origine adresse, avant l'ouverture du cours, les pièces suivantes au directeur sous le couvert du chef de corps auquel le peloton est rattaché :

1° Folio de punitions;

2° Etat signalétique et des services ;

3° Relevé des permissions ;

4° Notes données par le capitaine commandant, ou par l'officier d'administration commandant la section, sur l'aptitude militaire, la conduite et la manière de servir du candidat.

Le directeur vérifie immédiatement la situation militaire de chaque élève et s'assure que tous remplissent les conditions exigées par la loi du 21 mars 1905 et le décret du 10 juin 1907 pour être élève officier de réserve. Il signale sans retard au Ministre (Direction d'arme) ceux dont la désignation lui paraîtrait irrégulière et propose leur radiation, dans les conditions fixées par l'article 13 ci-dessus.

§ 4. — *Régime intérieur des cours spéciaux. Tenue des élèves.*

Art. 18. Le directeur du cours assure tous les détails du fonctionnement intérieur du cours spécial.

Art. 19. Les élèves sont mis en subsistance dans une même unité du corps nourricier, désignée par le chef de corps (1).

Ils sont groupés, autant que possible, dans un même casernement. Des locaux spéciaux leur sont affectés comme salles d'étude ou de cours.

Les élèves sont chargés, en principe, des corvées intérieures de leur détachement; mais les chefs de corps font mettre à la disposition des directeurs de cours des hommes, autant que possible des services auxiliaires, pour les grands nettoyages du casernement et les corvées extérieures.

Art. 20. (2). Les élèves portent la tenue de sergent ou de maréchal des logis, avec, sur les manches, un galon soutaché en forme de chevron.

Art. 21. Par application des dispositions de l'article 58 de l'instruction du 22 janvier 1907 sur le service de l'habillement dans les corps de troupes (qui se réfèrent implicitement à celles qui font l'objet de l'article 14 de l'instruction du 10 octobre 1892 sur le service de l'habillement dans les écoles militaires), les élèves sont pourvus par leur corps d'origine :

1° Des effets de 2° tenue (habillement, grand et petit équipement);

2° Des effets d'instruction (habillement).

Il est distribué à chaque élève deux paires de brodequins, dont une en remplacement de souliers de repos.

Pour les militaires du génie, la culotte avec jambière et les

---

(1) Exception faite pour les élèves officiers d'administration de réserve des services de l'intendance et de santé (art. 3, 3° et 4° alinéas).

(2) Circulaire du 30 janvier 1911, *B. O.*, p. 67.

éperons, *ainsi qu'une veste du modèle d'artillerie*, sont compris dans les effets distribués par les corps d'origine (1).

Tous ces effets doivent être, conformément aux dispositions susvisées, en bon état et susceptibles d'être utilisés pendant toute la durée du cours.

Les effets d'habillement doivent être du même modèle et du même drap que ceux attribués aux sous-officiers.

Les élèves sont désarmés avant de quitter leur corps d'origine.

Le corps chargé de l'organisation du cours spécial devra pourvoir à l'armement de ces jeunes gens, au moyen des armes de majoration de son service courant ou, à défaut, adresser au Ministre une demande des armes qui lui seront nécessaires pour l'armement des élèves officiers de réserve (2).

§ 5. — *Enseignement.*

Art. 22. Le but de l'enseignement des cours spéciaux est de préparer les élèves officiers de réserve aux devoirs qui leur incomberont dans la nation armée, comme officiers de complément ; c'est-à-dire, avant toute chose, de les rendre aptes à remplir *en campagne* toutes les tâches qui peuvent être confiées à un chef de section ou de peloton (ou à un officier d'administration en sous-ordre); accessoirement, de les préparer aux fonctions qu'ils auront à remplir en temps de paix, pendant leurs périodes d'instruction.

On s'attachera à leur faire comprendre l'importance du devoir militaire et l'élévation de leur mission.

Art. 23. L'instruction donnée aux élèves officiers de réserve comprend :

Un enseignement général;
Un enseignement militaire et technique.

Les programmes d'enseignement détaillés sont établis par les directeurs de cours, conformément aux indications données par les annexes n°⁸ 1 et 2 à la présente instruction.

Art. 24. L'enseignement général, dont les matières sont en grande partie communes aux élèves des différentes armes, embrasse la législation militaire, l'organisation de l'armée,

---

(1) Circulaire du 16 décembre 1910, *B. O.*, p. 2112.
(2) L'armement des élèves officiers d'administration du service de santé est assuré par les soins de la 5ᵉ section d'infirmiers militaires.

l'administration, la topographie, l'artillerie, la fortification, la tactique, l'hygiène, l'éducation physique du soldat, les règles de la correspondance militaire.

Cet enseignement est limité aux notions les plus essentielles sur chaque ordre de matières. Le peu de temps qu'on peut lui consacrer ne permet pas de fournir aux élèves officiers de réserve un corps de doctrine complet. Il est indispensable cependant de leur ouvrir l'étude de connaissances qui sont nécessaires à la formation de tout officier.

Art. 25. L'enseignement *général* est donné sous forme de leçons orales. Dans la mesure du possible on devra remettre aux élèves des notes autographiées donnant un précis des matières enseignées.

Les résultats obtenus seront constatés par des interrogations et des travaux écrits, dans lesquels on s'efforcera de faire surtout appel à la réflexion et au jugement des élèves.

En outre, il sera fait aux élèves officiers de réserve quelques conférences éducatives sur des sujets d'intérêt général. Ces conférences ne donneront pas lieu à interrogations cotées.

Art. 26. L'enseignement *militaire et technique* a pour objet l'étude et l'application des règlements et instructions en usage dans l'arme. On devra s'en tenir *strictement* aux principes généraux et aux parties des règlements dont la connaissance est nécessaire pour remplir, en toutes circonstances, les tâches et les missions qui peuvent incomber à un lieutenant ou sous-lieutenant.

L'enseignement militaire et technique comporte des connaissances théoriques et des connaissances pratiques. Les premières sont constatées par des interrogations et, au besoin, par des travaux écrits ; les secondes par l'exécution, en toutes circonstances, des prescriptions réglementaires, par la pratique du commandement de la troupe et par des exercices de cadres sur la carte et sur le terrain.

L'instruction pratique des élèves, qui doit être constamment dirigée en vue de la préparation à la guerre, a une importance prédominante.

Art. 27. L'enseignement est sanctionné par les notes données au cours de l'instruction et par les examens de fin de cours.

Toutes les notes données sont exprimées par des cotes numériques comprises dans l'échelle de 0 à 20.

— 48 —

Le titre II de la présente instruction fixe la manière dont les différentes notes concourent à l'établissement du classement de fin de cours.

§ 6. — *Moyens d'instruction.*

Art. 28. Le personnel (hommes et chevaux) et le matériel nécessaires à l'instruction sont fournis sur la demande du directeur du cours, soit par le corps ou établissement nourricier, soit par les autres corps ou établissements de la garnison ; dans ce dernier cas, les demandes sont adressées au gouverneur militaire ou au commandant de corps d'armée (1).

Le chef de corps met, suivant les besoins de l'instruction, à la disposition du directeur du cours, le nombre d'anciens soldats nécessaire pour constituer des unités de manœuvre.

Il peut, après entente avec le directeur du cours, faire participer les élèves officiers de réserve aux exercices du régiment, ainsi qu'à des manœuvres de garnison.

Art. 29. Le corps ou établissement nourricier solde les dépenses d'instruction du cours spécial qui lui est rattaché ; il est remboursé par les corps d'origine (masse des écoles) à raison de :

  3 francs par élève pour l'infanterie ;
  7 francs par élève pour la cavalerie ;
  8 francs par élève pour l'artillerie.

En outre, chaque élève reçoit de son corps d'origine une

---

(1) *Cours spécial des élèves officiers de réserve de la cavalerie.* — Chaque élève officier amène avec lui un cheval d'arme de son régiment, avec un harnachement complet. Une deuxième monture lui est fournie par l'un des corps de la garnison où est constitué le cours.

Les chevaux amenés par les élèves sont mis en subsistance dans le régiment auquel le groupe est rattaché et logés autant que possible dans une même écurie, au mieux des nécessités de l'instruction.

Ces chevaux seront choisis avec soin, bien mis et ne devront présenter aucune tendance à la rétivité. (Circulaire du 10 juin 1911, *B. O.*, p. 685.)

Cours spécial des élèves officiers de réserve du génie. — L'enseignement de l'équitation est donné à raison de deux séances par semaine, dès l'ouverture du cours spécial, par les régiments de cavalerie et d'artillerie de la garnison de Versailles, dans les conditions arrêtées par le gouverneur militaire de Paris.

L'enseignement relatif à la conduite des voitures est assuré au moyen des ressources de la brigade du génie de Versailles ; le directeur du cours adresse, à cet effet, ses demandes au général commandant cette brigade.

Cours spécial des élèves officiers de réserve du train des équipages. — Chaque élève amènera avec lui un cheval de selle en bon état. Ces chevaux ne sont pourvus que du harnachement strictement nécessaire pour le transport en chemin de fer. Ils sont mis en subsistance à l'escadron auquel le cours est rattaché.

collection des règlements et instructions dont l'étude est prévue au programme ci-après.

En ce qui concerne les élèves officiers de réserve du génie, le matériel, les théories et règlements nécessaires leur sont fournis par le 1er régiment du génie et l'Ecole du génie de Versailles, par prélèvement sur les ressources dont ils disposent et, en cas d'insuffisance, au moyen de celles qui leur seraient spécialement allouées à cet effet.

Les dépenses d'instruction des cours spéciaux du service de l'intendance et du service de santé sont remboursées par les corps d'origine au corps ou établissement nourricier à raison de 23 francs par élève. Cette indemnité est imputée à raison de 18 francs à la masse d'habillement et de 5 francs à la masse de chauffage et d'éclairage.

TITRE II.

Examens de fin de cours. — Classement. — Nomination au grade de sous-lieutenant de réserve.

§ 1. — *Dispositions générales.*

Art. 30. Les élèves officiers de réserve subissent, dans le courant du mois de mars, les examens de fin de cours prévus par l'article 24 de la loi sur le recrutement de l'armée.

Art. 31. Le but des examens est d'éliminer les candidats qui ne rempliraient pas les conditions exigées pour être nommés officiers de réserve et d'établir dans chaque cours spécial un classement des élèves par ordre de mérite.

Art. 32. *Une note d'ensemble* caractérisant à la fois la conduite, la manière de servir et l'aptitude générale aux fonctions d'officier de réserve est attribuée en fin de cours à chaque élève.

Cette note est la moyenne des notes d'ensemble données par chacun des officiers instructeurs sous les ordres desquels l'élève a été placé et par le directeur du cours.

Art. 33. Le classement des élèves repose sur :

Les notes d'enseignement général ;
Les notes d'enseignement militaire et technique (connaissances théoriques et connaissances pratiques) ;
La note d'ensemble.

L'annexe n° 3 à la présente instruction fixe l'importance relative de ces différents éléments d'appréciation pour le classement, ainsi que le détail des coefficients afférents à chaque matière d'enseignement.

Art. 34. Les dispositions des articles 47 à 66 ci-après, spéciales à chaque arme ou service, arrêtent les conditions dans lesquelles sont passés les examens de fin de cours et la composition des commissions d'examen.

Les mêmes dispositions indiquent comment sont établies les *notes définitives* soit de connaissances théoriques, soit de connaissances pratiques, sur chaque matière, en tenant compte à la fois des notes données au cours de l'enseignement et des examens de fin de cours.

Art. 35. Le nombre total des points de chaque élève officier de réserve est obtenu en additionnant :

1° Les notes définitives de chacune des matières figurant au programme de l'*enseignement général*, multipliées chacune par son coefficient ;

2° Les notes définitives de chacune des matières (ou groupe de matières) de l'enseignement militaire et technique, au point de vue *théorique*, multipliées chacune par son coefficient ;

3° Les notes définitives de chacune des matières (ou groupe de matières) de l'enseignement militaire et technique, au point de vue *pratique*, multipliées chacune par son coefficient ;

4° La note d'ensemble, multipliée par son coefficient.

Le total des points obtenus par chaque élève officier de réserve détermine son classement dans le cours spécial qu'il a suivi.

Art. 36. Le président de la commission d'examen règle toutes les questions de détail concernant l'examen et l'établissement du classement, en se conformant aux prescriptions de la présente instruction.

Art. 37 (1). Sont considérés comme ayant satisfait aux examens et susceptibles d'être nommés sous-lieutenants de réserve, les candidats qui auront obtenu une moyenne générale et une note d'ensemble supérieures aux minima fixés chaque année et pour chaque arme ou service, par le Ministre (directions).

---

(1) Circulaire du 10 juin 1911, *B. O.*, p. 685.

Art. 38. Les élèves officiers de réserve ayant obtenu les notes minima ci-dessus indiquées sont inscrits par la commission d'examen dans l'ordre de leur classement sur la première partie d'un état nominatif du modèle n° 1 annexé à la présente instruction.

Art. 39. Les présidents des commissions d'examens signalent, dans la deuxième partie du même état nominatif et dans l'ordre de leur classement, les élèves qui n'ont pas obtenu les notes minima exigées.

Ils mentionnent pour chacun d'eux, dans la colonne « Observations », les raisons de l'insuffisance constatée et spécifient s'ils sont d'avis, soit de nommer le candidat au grade de sous-lieutenant de réserve, malgré la faiblesse de certaines notes, soit de le renvoyer dans un corps de troupes comme sous-officier, comme caporal ou brigadier ou comme soldat.

Le Ministre statue sur chaque cas particulier, conformément aux prescriptions de l'article 24 de la loi du 21 mars 1905 sur le recrutement de l'armée.

Art. 40. Les élèves qui se trouvent régulièrement absents au moment de l'examen figurent sur un état nominatif particulier, du même modèle, établi par le directeur du cours spécial ; cet officier porte, dans la colonne « Observations », son avis sur l'opportunité de les nommer sous-lieutenants de réserve.

En vue de l'établissement du classement, il est attribué à chacun de ces élèves, comme notes d'examen, les moyennes des notes qu'ils a obtenues dans le cours, pour les matières sur lesquelles portent les examens.

Le Ministre statue sur chaque cas.

Art. 41. Les présidents des commissions signalent d'une manière particulière, dans la colonne « Observations » des états nominatifs, les élèves ayant eu plus de trente journées d'absence pendant la durée du cours spécial.

Le nombre total des journées d'absence de chacun de ces élèves est indiqué et il est spécifié si ces absences ont été ou non motivées par des accidents survenus dans le service.

N'entrent pas dans le décompte des journées d'absence les congés normaux et les dimanches.

Dans les corps de troupes à cheval, chaque jour d'exemption de cheval compte pour un jour d'absence.

Art. 42. Les présidents des commissions adressent au Ministre (Direction d'arme), directement, les états nominatifs ci-dessus indiqués, complétés par l'adjonction, pour chaque élève, d'un dossier comprenant :

1° L'acte de naissance ;
2° L'état signalétique (1) et des services ;
3° Le relevé des punitions ;
4° Le relevé des notes définitives obtenues dans chaque matière ou groupe de matières ayant un coefficient ;

Ce relevé est complété par une appréciation d'ensemble portée par le directeur du cours, qui mentionne également les aptitudes spéciales de l'élève (dessin, langues vivantes, automobilisme, etc.).

5° Une déclaration de l'intéressé faisant connaître la localité dans laquelle il a l'intention de se fixer à sa libération.

Art. 43. Une expédition du relevé des notes définitives sera en outre adressée par le directeur du cours soit au corps auquel sera affecté chacun des élèves promus sous-lieutenants de réserve, soit au corps d'origine si l'élève n'est pas nommé officier de réserve.

Art. 44. Après les examens, les groupes constitués pour l'instruction des élèves officiers de réserve sont dissous.

Les élèves qui ont été proposés pour sous-lieutenant de réserve dans les conditions fixées par l'un des articles 37, 39 ou 40 ci-dessus sont maintenus en subsistance dans le corps auquel était rattaché le groupe dont ils faisaient partie ; ils peuvent être envoyés en permission jusqu'à la date de leur mise en route sur le corps auquel ils seront affectés comme sous-lieutenants de réserve, à la condition de rester dans les limites prévues par l'article 38 de la loi du 21 mars 1905.

Les élèves qui n'ont pas été proposés pour sous-lieutenant de réserve sont renvoyés immédiatement à leur corps d'origine.

Art. 45. La nomination des élèves officiers de réserve au grade de sous-lieutenant est faite à la date du 1er avril.

Leur affectation paraît au *Journal officiel* de la République française.

Le directeur du cours fait établir, pour chaque élève nommé officier de réserve, un extrait du *Journal officiel* le concernant, par application des dispositions de l'instruction du 22 novembre 1904. L'envoi postal de cet extrait à l'élève intéressé est assuré par le corps de troupes ou l'établissement nourricier.

Art. 46. Les élèves officiers de réserve dont le Ministre a

---

(1) Pour les élèves officiers de la cavalerie, l'état signalétique est complété par la mention du poids de l'élève au moment des examens et par celle de la taille vérifiée à la même époque.

prononcé le renvoi à leur corps d'origine, soit comme sous-officiers, soit comme caporaux ou brigadiers, dans les conditions prévues aux articles 39 et 40 ci-dessus, sont promus, s'il y a lieu, à ces grades à la date du 1er avril.

Les dispositions des articles 12 et 13 de la présente instruction leur sont applicables.

§ 2. — *Dispositions spéciales aux différentes armes ou aux services.*

**A. — Infanterie, cavalerie, artillerie, génie, train des équipages.
(Dispositions communes.)**

Art. 47. Les examens sont passés dans chaque groupe d'instruction à la date fixée, à partir du 1er mars, par le général commandant la région de corps d'armée, en tenant compte du nombre des élèves composant le groupe.

Ces examens doivent être terminés assez tôt pour que les dossiers d'examens, constitués comme il est dit à l'article 42 ci-dessus, puissent parvenir au Ministre (Direction d'arme), au plus tard aux dates suivantes :

Le 15 mars pour l'infanterie ;
Le 20 mars pour les autres armes.

Art. 48. Les examens ont lieu dans chaque groupe devant une commission formée d'officiers de l'arme et composée de :

1 colonel ou lieutenant-colonel, *président*. . . . . designés par le général commandant la région de corps d'armée.
1 officier supérieur, *membre*. . .
Le directeur du cours, *membre*.

Un officier instructeur du groupe remplit les fonctions de secrétaire de la commission.

B. — Infanterie.

Art. 49. Vers la fin du cours et avant les examens, les instructeurs font subir aux élèves des interrogations sur toutes les matières de l'enseignement général et de l'enseignement militaire et technique. Les notes obtenues dans ces interrogations de revision ont, pour le décompte de la moyenne des notes données pendant le cours, une valeur double de celle des notes données au cours de l'instruction.

Art. 50. L'examen de fin de cours de chaque élève consistera uniquement en une *épreuve pratique*, qui aura lieu en *terrain varié*, toutes les fois que cela sera possible. Dans le cas contraire, l'examen comprendrait une épreuve pratique sur le terrain de manœuvres et un exercice sur la carte.

L'examen portera sur l'application, au point de vue du commandement de la section isolée et de la section dans la compagnie :

1° Du règlement de manœuvres (commandement de la section et conduite du feu) ;

2° De l'instruction pratique sur le service de l'infanterie en campagne ;

3° De l'instruction sur les travaux de campagne.

Chaque élève recevra trois notes d'examen correspondant aux trois catégories de connaissances pratiques ci-dessus indiquées.

Art. 51. Pour les matières de l'*enseignement général*, ainsi que pour les connaissances militaires *théoriques*, la note définitive sur chaque matière ou groupe de matières ayant un coefficient sera la moyenne des notes obtenues pendant la durée du cours.

Pour chacune des matières de l'*enseignement militaire pratique* affectée d'un coefficient, la note définitive sera :

Soit la moyenne des notes obtenues pendant le cours, pour les matières ne faisant pas l'objet d'examen ;

Soit, pour les autres matières, la moyenne des deux notes suivantes ;

1° Moyenne des notes obtenues pendant le cours ;

2° Note d'examen.

Cavalerie.

Art. 52. Des examens théoriques et pratiques sont passés sur toutes les parties de l'enseignement militaire et équestre.

Art. 53. La note définitive sur chaque matière de l'enseignement général est la moyenne des notes données au cours de l'instruction.

La note définitive sur chaque matière de l'enseignement militaire, théorique et pratique, est la moyenne des deux notes suivantes :

1° La moyenne des notes obtenues pendant le cours ;

2° Note d'examen.

Artillerie et train des équipages.

Art. 54. Vers la fin du cours et avant les examens, les instrucleurs font subir aux élèves des interrogations sur toutes les matières de l'enseignement général et de l'enseignement militaire et technique. Les notes obtenues dans ces interrogations de révision ont, pour le décompte de la moyenne des notes données pendant le cours, une valeur double de celle des notes données au cours de l'instruction.

L'examen de fin de cours de chaque élève consiste uniquement en une épreuve *pratique*, portant sur toutes les parties de l'enseignement militaire et technique affectée d'un coefficient.

Art. 55. Pour les matières de l'*enseignement général*, ainsi que pour les connaissances militaires *théoriques*, la note définitive sur chaque matière ou groupe de matières ayant un coefficient est la moyenne des notes obtenues pendant la durée du cours.

Pour chacune des matières de l'enseignement militaire et technique *pratique*, affectée d'un coefficient, la note définitive est la moyenne des deux notes suivantes :

1° Moyenne des notes obtenues pendant le cours ;
2° Note d'examen.

Par exception, la note définitive d'écoles à feu est donnée par le directeur du cours.

Génie.

Art. 56. Le président de la commission d'examen adresse, en temps opportun, au général commandant la brigade du génie du gouvernement militaire de Paris, une demande en vue d'obtenir, par le nombre de séances nécessaire, l'adjonction à la commission d'officiers appartenant aux diverses spécialités.

Art. 57. Des examens théoriques et pratiques sont passés sur toutes les matières de l'enseignement militaire et technique ayant un coefficient.

Art. 58. La note définitive sur chaque matière de l'*enseignement général* est la moyenne des notes obtenues pendant le cours.

La note définitive *théorique* ou *pratique* sur chacune des matières de l'enseignement militaire et technique est la moyenne des deux notes suivantes :

1° Moyenne des notes obtenues pendant le cours ;
2° Note d'examen.

Services de l'intendance et de santé.

Art. 59. Le directeur de l'Ecole d'administration militaire fixe la date des examens de fin de cours des élèves officiers d'administration de réserve des services de l'intendance et de santé. Les dossiers doivent parvenir au Ministre (5e et 7e Directions) pour le 25 mars.

Art. 60. Les examens ont lieu devant une commission composée : du directeur de l'Ecole d'administration militaire, président; de l'officier d'administration professeur de chacune des matières sur lesquelles portent les examens et, en outre :

a) Service de l'intendance : du sous-directeur de l'école; d'un officier d'administration des services de l'intendance, désigné par le gouverneur militaire de Paris;

b) Service de santé : d'un médecin-major de 1re ou de 2e classe et d'un officier d'administration principal du service de santé, désignés par le gouverneur militaire de Paris.

Un capitaine désigné par le gouverneur militaire de Paris fait partie de la commission, pour les séances d'examen militaire. Cet examen comporte uniquement des exercices d'application.

Art. 61. Les examens de fin de cours comprennent des interrogations et des compositions écrites

Les connaissances théoriques sont constatées au moyen des interrogations (et des travaux s'il y a lieu) qui ont été faites pendant la durée du cours spécial et qui sont complétées par des interrogations générales subies à la clôture du cours.

Les examens de fin de cours portent sur les connaissances pratiques.

Art. 62. Les examens (interrogations et compositions) sont réglés par le président de la commission, qui fixe également la manière dont est établie la note définitive pour chaque matière ou groupe de matières ayant un coefficient, en tenant compte à la fois des notes données au cours de l'enseignement et des examens de fin de cours.

TITRE III.

Rapports à fournir.

Art. 63. Avant le 15 avril de chaque année, les directeurs des cours spéciaux adressent au Ministre (Direction d'arme), par la voie hiérarchique, un rapport sur le fonctionnement des cours pendant le semestre écoulé. Les différentes autorités consignent à la suite de ce rapport leur avis, ainsi que les propositions

qu'elles croiraient devoir faire en vue de modifier les instructions en vigueur, en restant toutefois dans les limites imposées
par les lois et décrets.

Art. 64. A la suite des examens, chaque commission d'examen
établit un rapport constatant les résultats obtenus et formulant
à ce sujet toutes observations utiles.

Les présidents des commissions d'examens adressent ces rapports au Ministre (Direction d'arme) par l'intermédiaire du
général commandant la région de corps d'armée.

ANNEXE N° 1.

Programmes d'enseignement des cours spéciaux d'élèves officiers de réserve.

(Infanterie, cavalerie, artillerie, génie, train des équipages.)

A. — ENSEIGNEMENT GÉNÉRAL.

Les nombres de leçons figurant au programme ci-après pour chaque matière n'ont pas un caractère impératif ; ils doivent être regardés comme une indication de l'étendue à donner à chaque catégorie d'enseignement.

Le directeur du cours arrête le nombre et la durée des leçons et la répartition des matières ; il fixe également le nombre des interrogations, des travaux écrits et des exercices d'application afférents à chaque matière d'enseignement.

1° *Organisation et législation.*
(6 leçons environ.)

Organisation générale de l'armée. Organisation et mobilisation de l'arme. Notions sur l'organisation des autres armes.

Loi de recrutement. Obligations des hommes de la réserve et de l'armée territoriale dans leurs foyers.

Etat des officiers. Recrutement, administration, instruction, avancement des officiers de réserve et de l'armée territoriale.

Décorations.

Réquisitions militaires. Droit des gens.

2° *Administration.*
(4 leçons environ.)

Notions sur l'administration des corps de troupes.

Administration d'une compagnie (escadron ou batterie) en temps de paix et en campagne.

Alimentation en campagne. Officier d'approvisionnement.

3° *Topographie.*
(3 ou 4 leçons. — Nombre plus considérable pour le génie.)

Nomenclature des formes du terrain.

Lecture des cartes.

Etablissement de croquis.

En outre, les élèves officiers de réserve du génie doivent pouvoir exécuter des levés simples.

4° *Fortification.*
(Nombre de leçons variable suivant les armes.)

Aperçu sur le rôle de la fortification passagère et sur celui de la fortification permanente.

Notions sur l'organisation, l'attaque et la défense d'une place moderne.

Communications : routes, voies ferrées, télégraphes et téléphones.

5° *Artilleri:.*
(Nombre de leçons variable suivant les armes.)

Notions de balistique.

Notions sur le matériel et les munitions de l'artillerie.

Effets des feux.

6° *Notions de tactique.*
(5 leçons environ.)

Propriétés particulières à chaque arme. Emploi tactique des armes autres que celle à laquelle appartiennent les élèves. Liaison des armes.

(Ces notions tactiques sont basées, autant que possible, sur l'exposé de quelques cas concrets.très simples.)

7° *Hygiène et éducation physique.*
(4 ou 5 leçons.)

Hygiène en temps de paix. Hygiène en campagne.

Notions sommaires sur les méthodes d'éducation physique et d'entraînement.

Premiers soins aux malades et aux blessés.

Examen des denrées alimentaires.

8° *Correspondance militaire.*
(2 leçons environ.)

Etablissement d'un rapport, d'un compte rendu, d'une lettre. Transmissions.

9° *Conférences éducatives.*

Le devoir militaire.

Rôle militaire et social de l'officier de réserve.

Caractères distinctifs du combat moderne ; importance des facteurs moraux.

Résumé de la guerre de 1870-1871.

Aperçu sur la situation politique et économique de la France dans le monde.

B. — ENSEIGNEMENT MILITAIRE ET TECHNIQUE.

L'enseignement militaire et technique embrasse l'étude et l'application des règlements en vigueur dans l'arme, dans les conditions qui sont fixées par l'article 26 de l'instruction.

Le directeur du cours fixe le nombre des séances théoriques et pratiques à consacrer à chaque matière.

L'annexe n° 3 ci-après fixe le détail des coefficients afférents à chaque règlement ou à chaque catégorie de connaissances exigées.

ANNEXE N° 2.

Programmes d'enseignement des cours spéciaux
d'élèves officiers d'administration de réserve.
(Services de l'intendance et de santé.)

1° SERVICE DE L'INTENDANCE.

L'enseignement donné aux élèves officiers d'administration de réserve du service de l'intendance porte sur les matières suivantes :

A. — ENSEIGNEMENT GÉNÉRAL.

Législation et organisation............
Administration et service des subsistances........................ } Les programmes détaillés' de l'enseignement, établis par le directeur de l'Ecole d'administration militaire, sont approuvés par le Ministre.

Topographie........................
Hygiène........................
Correspondance militaire............
Conférences éducatives............ } Même programme que celui des cours spéciaux des différentes armes (annexe n° 1).

B. — ENSEIGNEMENT TECHNIQUE.

Cours spéciaux.

Bureaux de l'intendance............
Subsistances militaires............
Habillement et campement............ } Les programmes détaillés, établis par le directeur de l'Ecole d'administration militaire, sont approuvés par le Ministre.

C. — ENSEIGNEMENT MILITAIRE.

L'enseignement militaire théorique et pratique est limité aux parties des règlements dont la connaissance est nécessaire à un officier d'administration de réserve. Le directeur du cours arrête le programme détaillé, le nombre et la durée des interrogations et des exercices d'application.

L'instruction porte sur les règlements suivants :

Règlement de manœuvres de l'infanterie et règlement sur le tir ;
Service en campagne ;
Service intérieur et service de place ;
Transport en chemin de fer.

Les élèves reçoivent, en outre, des notions d'équitation et sont exercés à la pratique de la bicyclette.

2° SERVICE DE SANTÉ.

L'enseignement à donner aux élèves officiers d'administration de réserve du service de santé porte sur les matières suivantes :

A. — ENSEIGNEMENT GÉNÉRAL.

Législation et organisation.... ....
Administration....................... } Les programmes détaillés, établis par le directeur du cours, sont approuvés par le Ministre.

Topographie.........................
Correspon lance militaire.............
Conférences éducatives............... } Même programme que celui des cours spéciaux des différentes armes (annexe n° 1).

B. — ENSEIGNEMENT TECHNIQUE.

Service de santé à l'intérieur.
Organisation générale du service.......
Fonctionnement administratif des hôpitaux militaires.....................
Comptabilité dans les directions.......
Service de santé en campagne.
Organisation générale du service.......
Fonctionnement des formations des services de l'avant et de l'arrière .... } Les programmes détaillés, établis par le directeur du cours, sont approuvés par le Ministre.

Hygiène.

Hygiène de l'homme.
Alimentation. Examen des denrées et expertises.
Contrôle et épuration des eaux.
Couchage. Cantonnements. Bivouacs.
Installations hospitalières permanentes et temporaires.
Désinfection.

C. — ENSEIGNEMENT MILITAIRE.

L'enseignement militaire théorique et pratique est limité aux parties des règlements dont la connaissance est nécessaire à un officier d'administration de réserve. Le directeur du cours arrête le programme détaillé, le nombre et la durée des interrogations et des exercices d'application.

L'enseignement porte sur les règlements suivants :

Règlement de manœuvre de l'infanterie et règlement sur le tir;
Service en campagne;
Service intérieur et service de place;
Transport en chemin de fer.

Les élèves reçoivent, en outre, des notions d'équitation et sont exercés à la pratique de la bicyclette.

———————

ANNEXE Nº 3.

Tableau des coefficients.

INFANTERIE.

A. — ENSEIGNEMENT GÉNÉRAL.	COEFFICIENTS.
Organisation, législation et administration.............	5
Topographie...................................	4
Artillerie......................................	2
Fortification...................................	2
Notions de tactique.............................	3
Hygiène et éducation physique.....................	3
Correspondance militaire.........................	1
TOTAL.................	20

B. — ENSEIGNEMENT MILITAIRE ET TECHNIQUE.	Instruction théorique.	Instruction pratique.
Règlement de manœuvres......................	5	10
Décret et instruction pratique sur le service en campagne............................	5	10
Règlement sur le tir. — Instruction sur le matériel du tir. — Pratique du tir...............	4	10
Travaux de campagne........................	2	2
Transport en chemin de fer...................	2	»
Service intérieur et service de place...........	1	3
Règlement sur la gymnastique et aptitude physique...................................	1	5
TOTAUX...........	20	40

	60
C. — NOTE D'ENSEMBLE.......	20
TOTAL des coefficients .	100

CAVALERIE.

A. — ENSEIGNEMENT GÉNÉRAL.	COEFFICIENTS.
Organisation, législation et administration...........	5
Topographie...................................	4
Artillerie......................................	2
Fortification...................................	1
Notions de tactique.............................	5
Hygiène et éducation physique.....................	2
Correspondance militaire.........................	1
TOTAL.................	20

B. — ENSEIGNEMENT MILITAIRE ET ÉQUESTRE.

	COEFFICIENTS.	
	Instruction théorique.	Instruction pratique.
Règlement de manœuvres......................	6	12
Décret et instruction pratique sur le service en campagne...............................	5	10
Règlement sur le tir et pratique du tir..........	3	3
Transport en chemin de fer....................	2	»
Service intérieur et service de place...........	1	1
Hippologie et hygiène des chevaux.............	3	»
Équitation.....................................	»	12
Escrime.......................................	»	2
TOTAUX...........	20	40

	60
C. — NOTE D'ENSEMBLE........	20
TOTAL des coefficients.	100

ARTILLERIE.

A. — ENSEIGNEMENT GÉNÉRAL.

	COEFFICIENTS.
Organisation, législation et administration...........	4
Topographie.......................................	3
Artillerie..	5
Fortification.......................................	2
Notions de tactique................................	3
Hygiène et éducation physique......................	2
Correspondance militaire...........................	1
TOTAL................	20

B. — ENSEIGNEMENT MILITAIRE ET TECHNIQUE.

1° Artillerie de campagne.

	COEFFICIENTS.	
	Instruction théorique.	Instruction pratique.
Instruction à pied...............................	1	1
Instruction à cheval et hippologie..............	2	10
Manœuvre d'artillerie...........................	3	5
Manœuvre des batteries attelées................	3	5
Instruction du tir et écoles à feu (1)............	7	10
Service en campagne............................	2	8
Transport en chemin de fer.....................	1	»
Service intérieur et service de place............	1	1
TOTAUX...........	20	40

	60

---

(1) La note d'écoles à feu est donnée par le directeur du cours spécial.

2° *Artillerie à pied* (places).

	COEFFICIENTS.	
	Instruction théorique.	Instruction pratique.
Instruction à pied	1	2
Service des bouches à feu de siège et place.....⎫ Matériel de siège et place. — Commandement ⎬ d'une batterie, d'une tourelle, d'une casemate.⎭	4	12
Manœuvres de force. — Transport en chemin de fer	2	5
Manœuvre de chemin de fer à voie de 0ᵐ,60....	2	5
Instruction sur le tir et écoles à feu (1)	7	6
Service de l'artillerie dans l'attaque et la défense des places	3	8
Service intérieur et service de place	1	2
TOTAUX	20	40
	60	

3° *Artillerie à pied* (côte).

	Instruction théorique.	Instruction pratique.
Instruction à pied	1	2
Artillerie de siège et place	2	4
Service des bouches à feu de côte. — Commandement d'une batterie	5	10
Description et emploi des instruments en usage dans le tir de côte	3	6
Manœuvres de force	2	4
Instruction sur le tir et écoles à feu (1)	4	8
Service de l'artillerie dans la défense des places et sur les côtes	2	
Service intérieur et service de place	1	2
TOTAUX	20	40
	60	
C. — NOTE D'ENSEMBLE	20	
TOTAL des coefficients	100	

TRAIN DES ÉQUIPAGES MILITAIRES.

A. — ENSEIGNEMENT GÉNÉRAL.

	COEFFICIENTS.
Organisation, législation et administration	5
Topographie	4
Artillerie	2
Fortification	2
Notions de tactique	3
Hygiène et éducation physique	3
Correspondance militaire	1
TOTAL	20

---

(1) La note d'écoles à feu est donnée par le directeur du cours spécial.

<table>
<tr><td></td><td colspan="2" align="center">COEFFICIENTS.</td></tr>
<tr><td>B. — ENSEIGNEMENT MILITAIRE ET TECHNIQUE.</td><td align="center">Instruction
théorique.</td><td align="center">Instruction
pratique</td></tr>
<tr><td>Instruction à pied</td><td align="center">1</td><td align="center">2</td></tr>
<tr><td>Instruction à cheval et hippologie</td><td align="center">4</td><td align="center">10</td></tr>
<tr><td>Description du matériel et du harnachement en usage dans le train des équipages</td><td align="center">8</td><td align="center">16</td></tr>
<tr><td>Conduite des voitures. — Mulets de bât</td><td align="center"></td><td align="center"></td></tr>
<tr><td>Service en campagne. — Services de l'avant, services de l'arrière</td><td align="center">5</td><td align="center">8</td></tr>
<tr><td>Transport en chemin de fer</td><td align="center">1</td><td align="center">2</td></tr>
<tr><td>Service intérieur et service de place</td><td align="center"></td><td align="center">2</td></tr>
<tr><td align="right">TOTAUX</td><td align="center">20</td><td align="center">40</td></tr>
</table>

C. — NOTE D'ENSEMBLE ... 60 / 20

TOTAL des coefficients ... 100

GÉNIE.

<table>
<tr><td>A. — ENSEIGNEMENT GÉNÉRAL.</td><td align="center">COEFFICIENTS.</td></tr>
<tr><td>Organisation, législation et administration</td><td align="center">4</td></tr>
<tr><td>Topographie</td><td align="center">4</td></tr>
<tr><td>Artillerie</td><td align="center">2</td></tr>
<tr><td>Fortification</td><td align="center">5</td></tr>
<tr><td>Notions de tactique</td><td align="center">2</td></tr>
<tr><td>Hygiène et éducation physique</td><td align="center">2</td></tr>
<tr><td>Correspondance militaire</td><td align="center">1</td></tr>
<tr><td align="right">TOTAL</td><td align="center">20</td></tr>
</table>

<table>
<tr><td></td><td colspan="2" align="center">COEFFICIENTS.</td></tr>
<tr><td>B. — ENSEIGNEMENT MILITAIRE ET TECHNIQUE.</td><td align="center">Instruction
théorique.</td><td align="center">Instruction
pratique.</td></tr>
<tr><td>Règlement de manœuvres</td><td align="center">1</td><td align="center">3</td></tr>
<tr><td>Décret sur le service en campagne et instruction sur le service du génie en campagne</td><td align="center">4</td><td align="center">7</td></tr>
<tr><td>Règlement sur le tir et pratique du tir</td><td align="center">2</td><td align="center">3</td></tr>
<tr><td>Equitation, hippologie et conduite des voitures</td><td align="center">1</td><td align="center">4</td></tr>
<tr><td>Règlement sur la gymnastique et aptitude physique</td><td align="center">»</td><td align="center">1</td></tr>
<tr><td>Transport en chemin de fer</td><td align="center">1</td><td align="center">»</td></tr>
<tr><td>Service intérieur et service de place</td><td align="center">1</td><td align="center">2</td></tr>
<tr><td>Ecoles et règlements techniques en usage dans la subdivision de l'arme à laquelle appartient l'élève</td><td align="center">10</td><td align="center">20</td></tr>
<tr><td align="right">TOTAUX</td><td align="center">20</td><td align="center">40</td></tr>
</table>

C. — NOTE D'ENSEMBLE ... 60 / 20

TOTAL des coefficients ... 100

SERVICE DE L'INTENDANCE.

A. — ENSEIGNEMENT GÉNÉRAL

Cours communs aux trois sections.
- Législation et organisation............................ 6
- Administration.. 6
- Subsistances... 6
- Topographie.. 3
- Hygiène.. 2
- Correspondance militaire.............................. 2

{ 25

B. — ENSEIGNEMENT TECHNIQUE.

Cours spécial.
- Bureaux de l'intendance................................
- Subsistances militaires................................
- Habillement et campement..............................

{ 40

C. — ENSEIGNEMENT MILITAIRE.

- Etude des règlements.................................. 5
- Exercices militaires.................................. 5
- Equitation... 3
- Vélocipédie.. 2

{ 15

COTE D'ENSEMBLE...................... 20

TOTAL des coefficients.......... 100

SERVICE DE SANTÉ.

A. — ENSEIGNEMENT GÉNÉRAL.

- Législation et organisation........................... 10
- Administration....................................... 10
- Topographie.. 3
- Correspondance militaire.............................. 2

{ 25

B. — ENSEIGNEMENT TECHNIQUE.

- Service de santé à l'intérieur........................ 15
- Service de santé en campagne.......................... 15
- Hygiène.. 10

{ 40

C. — ENSEIGNEMENT MILITAIRE.

- Etude des règlements.................................. 5
- Exercices militaires.................................. 5
- Equitation... 3
- Vélocipédie.. 2

{ 15

COTE D'ENSEMBLE...................... 20

TOTAL des coefficients.......... 100

<table>
<tr><td>MINISTÈRE
DE LA GUERRE.</td><td>RÉPUBLIQUE FRANÇAISE.</td><td>MODÈLE N° 1 (1).
Instruction
du 14 septembre 1908.</td></tr>
</table>

**MINISTÈRE
DE LA GUERRE.**

e CORPS D'ARMÉE.

(2)

RÉPUBLIQUE FRANÇAISE.

MODÈLE N° 1 (1).

Instruction
du 14 septembre 1908.

Form. tellière 0,21 sur 0,32.

NOTA. — Joindre à cet état, pour chaque élève officier :

1° L'acte de naissance ;
2° L'état signalétique et des services ;
3° Le relevé des punitions ;
4° Le relevé des notes définitives obtenues dans chaque matière ou groupe de matières ayant un coefficient ;
5° Une déclaration de l'intéressé faisant connaître la localité dans laquelle il a l'intention de se fixer à sa libération.

EXAMENS DE L'ANNÉE 19 .

ÉTAT NOMINATIF

1° *Des élèves officiers ou élèves officiers d'administration de réserve proposés pour être nommés au grade de sous-lieutenant ou d'officier d'administration de 3e classe de réserve ;*

2° *Des élèves officiers et élèves officiers d'administration de réserve n'ayant pas atteint les notes minima exigées.*

(1) Modifié par la circulaire du 16 décembre 1911, *B. O.*, p. 1699.
(2) Arme *ou* service.
NOTA. — Cet état réglé à 10 lignes par page, doit être complété par le nombre nécessaire d'intercalaires du même format. — Il est établi un état du même modèle pour les élèves qui se trouvent régulièrement absents au moment des examens (art. 40 de la présente instruction).

1° *Elèves officiers ou élèves officiers d'administration de réserve proposés pour sous-lieutenant ou officier d'administration de 3ᵉ classe de réserve.*

NOMS ET PRÉNOMS.	GRADES.	CORPS ou SERVICE.	NOMBRE TOTAL de points obtenus.	OBSERVATIONS.

2° Elèves officiers ou élèves officiers d'administration de réserve n'ayant pas atteint les notes minima exigées.

NOMS ET PRÉNOMS.	GRADES.	CORPS ou SERVICE.	NOMBRE TOTAL de points obtenus.	OBSERVATIONS.

A   , le   19 .

(1) *Le Président de la Commission d'examen,*

A   , le   19 .

Le Général commandant le corps d'armée,

(1) Le directeur du cours spécial pour les élèves régulièrement absents au moment des examens.

DISPOSITIONS DIVERSES.

*Programme du concours pour l'obtention du grade
d'aide-vétérinaire de réserve.*

Paris, le 30 décembre 1908.

Programme du concours pour l'obtention du grade d'aide-vétérinaire de réserve.

(Exécution de l'article 25 de la loi du 21 mars 1905
sur le recrutement de l'armée.)

CONDITIONS D'ADMISSION AU CONCOURS.

Peuvent seuls prendre part aux épreuves du concours les
jeunes gens nommés à l'emploi de vétérinaire auxiliaire à la
fin de leur première année de service, ayant accompli trois
semestres de service à la date du 31 mars et pris l'engagement
de faire trois périodes supplémentaires d'instruction pendant
leur séjour dans la réserve.

Les convocations pour les opérations de classement des chevaux sont assimilées à des périodes d'instruction.

PIÈCES A PRODUIRE PAR LES CANDIDATS.

La demande de chaque candidat est accompagnée :

1° De l'acte de naissance et de l'extrait du casier judiciaire;

2° De l'engagement d'accomplir trois périodes supplémentaires d'instruction, dans le cas de nomination comme vétérinaire de réserve;

3° D'un relevé de punitions et de l'état signalétique et des services;

4° De l'avis motivé du chef de corps;

(Le chef de corps résume son appréciation sur l'aptitude du
candidat au point de vue militaire proprement dit, et fournit
une note numérique comprise dans l'échelle 0 à 20.)

5° Du feuillet technique (modèle en usage pour les vétérinaires militaires) établi par le vétérinaire chef de service. Ce
feuillet technique sera adressé directement au vétérinaire principal directeur de ressort qui en fera retour au chef de corps

dans le plus bref délai, après avoir résumé les notes techniques par un chiffre compris dans l'échelle 0 à 20.

Les dossiers ainsi constitués sont adressés, le 15 décembre, par la voie hiérarchique, aux généraux commandants de corps d'armée.

AUTORISATION DE PRENDRE PART AU CONCOURS.

Les généraux commandants de corps d'armée statuent sur les demandes en autorisation de concourir et rendent compte au Ministre du nombre d'autorisations accordées. Ils éliminent les candidats ayant encouru des punitions graves ou ayant obtenu des notes techniques par trop inférieures.

NATURE ET FORME DES ÉPREUVES. — DATES AUXQUELLES ELLES ONT LIEU.

Les épreuves consistent en :

1° Une composition écrite d'instruction technique se rapportant spécialement au service vétérinaire militaire;

2° Une épreuve orale sur une partie quelconque du programme annexé à la présente instruction.

COMPOSITION ÉCRITE.

La composition écrite se fera, le deuxième lundi de janvier, dans les chefs-lieux de corps d'armée ou dans tous les centres d'examen désignés par le Ministre.

Le sujet, donné par le Ministre, sera le même pour tous les candidats. Il consistera dans un rapport, établi sous la forme réglementaire, ayant trait à une maladie contagieuse ou autre, un accident grave, un compte rendu détaillé de fonctionnement d'un service, etc.....

Deux heures sont accordées pour la composition écrite.

La composition écrite est surveillée par le vétérinaire en premier de la commission régionale dont il est parlé ci-après.

Les candidats ayant communiqué entre eux ou consulté des notes sont de droit éliminés.

Les compositions portant les noms, prénoms et corps d'affectation des candidats, sont corrigées par la commission régionale et notées de 0 à 20.

EXAMEN ORAL.

Les épreuves orales ont lieu le même jour que la composition écrite, et dans les mêmes centres d'examen.

Elles sont subies devant un jury régional composé de la façon suivante, et désigné par le général commandant de corps d'armée :

> Le vétérinaire principal directeur du
> ressort. . . . . *Président.*

(en cas d'empêchement du vétérinaire principal, le vétérinaire major le plus ancien du corps d'armée).

> Un vétérinaire major. . . . . } *Membres.*
> Un vétérinaire en premier. . . . . }

L'examen oral donne lieu à l'attribution d'une note de 0 à 20.

CLASSEMENT DES CANDIDATS.

A la fin des opérations, le président du jury établit un procès-verbal relatant les incidents qui auraient pu se produire au cours des examens écrits et oraux, et indiquant les points obtenus par chaque candidat.

Ces points sont la résultante des éléments ci-après :

	Coefficient.
Examen écrit	3
Examen oral	7
Note militaire du chef de corps	5
Note technique du vétérinaire principal	5

Ces deux dernières notes seront communiquées au président du jury, sur l'ordre du général commandant le corps d'armée, dès le début des examens.

Sont éliminés les candidats qui ne réuniraient pas les deux tiers du total des points pouvant, au maximum, leur être attribués pour l'ensemble des épreuves et des notes militaire et technique.

Les procès-verbaux d'examen seront adressés sans retard au Ministre (2ᵉ Direction; 2ᵉ Bureau), pour être communiqués à la section technique vétérinaire qui établira, à l'aide de ces procès-verbaux, le classement définitif; la liste ainsi arrêtée sera adressée au Ministre, le 25 février au plus tard.

Programme de l'examen d'admission au grade d'aide-vétérinaire de réserve.

Service vétérinaire et sa réglementation.

INFIRMERIE.

Visite des chevaux malades.; catégorisation des malades. — Prescriptions relatives aux traitements, au régime, à l'hygiène, à la promenade, etc. — Administration des médicaments. — Surveillance à exercer sur le personnel. — Locaux de l'infirmerie ; leur tenue : désinfection périodique. — Locaux accessoires ; mobilier. — Visite des indisponibles. — Des différents registres, carnets et livrets tenus dans un service vétérinaire. — Établissement des rapports journalier et mensuel.

PHARMACIE.

Dispositions réglementaires et administratives relatives à la gestion de la pharmacie vétérinaire. — Caisses et instruments de chirurgie ; achat, entretien, renouvellement, réforme.

MATÉRIEL DE MOBILISATION.

Cantines d'ambulance vétérinaire : composition, entretien, mode de transport en cas de mobilisation. — Responsabilité du vétérinaire qui en a la charge. — Sacoches et sacs d'ambulance vétérinaire ; modes de transport. — Matériel de contention à emporter en campagne (cavalerie, artillerie). — Caisse de médicaments vétérinaires à l'usage des corps de troupes d'infanterie.

MARÉCHALERIE.

Personnel des maréchaux. — Service de la ferrure au point de vue technique et administratif. — Instruction théorique et pratique des maréchaux. — Surveillance de la forge. — Des différentes ferrures réglementaires et exceptionnelles (d'après le manuel ministériel de maréchalerie à l'usage des maréchaux ferrants). — Installation des forges. — Matériel. — Forges régimentaires et de campagne. — Fourgons-forges. — Marquage des chevaux.

HYGIÈNE.

Alimentation. — Caractères distinctifs des denrées fourragères. — Visite des magasins à fourrages. — Cahier des charges.

Maladies contagieuses. — Visite sanitaire, son importance. — Prescriptions générales relatives aux maladies contagieuses. — Prescriptions particulières à chacune d'elles (morve et farcin, lymphangite épizootique, pasteurellose, gale). — Désinfection des écuries, des abreuvoirs et des ustensiles. — Mesures préventives à prendre pendant les routes. — Établissement de comptes rendus au commandement et de rapports techniques au directeur du service vétérinaire du corps d'armée. — Inoculations de contrôle. — Emploi des différents sérums.

INSPECTION DES VIANDES ET DES ANIMAUX DE BOUCHERIE.

Instruction du 22 avril 1908 relative aux principales dispositions à insérer dans les cahiers des charges pour la fourniture de la viande.

Instructions des 2 mai et 28 août 1908 sur le contrôle et l'inspection des viandes et des animaux de boucherie destinés à la troupe.

Instruction du 24 août 1908 sur la fourniture, le contrôle et l'inspection de la viande pendant les déplacements, marches et manœuvres.

RÉPRESSION DES FRAUDES.

Loi du 1er août 1905 sur la répression des fraudes dans les ventes des marchandises et des falsifications des denrées alimentaires et des produits agricoles.

Décret du 31 juillet 1906 portant règlement d'administration publique pour l'application de la loi du 1er août 1905 sur les fraudes alimentaires.

Décret du 5 juin 1908 portant règlement d'administration publique pour l'application de la loi du 1er août 1905 sur la répression des fraudes dans les ventes des marchandises et des falsifications en ce qui concerne les denrées et boissons servant à l'alimentation des armées de terre et de mer.

Instruction du 12 juin 1908 pour l'application du décret du 5 juin 1908 sur la répression des fraudes dans l'armée.

PRESCRIPTIONS DIVERSES.

Des commissions dont les vétérinaires peuvent faire partie. — Leur rôle dans chacune d'elles.

Rôle des vétérinaires dans les réformes de chevaux, dans les expertises de fourrages, et lors de la constatation de vicés rédhibitoires sur un cheval nouvellement acheté.

De l'embarquement en chemin de fer et à bord des navires. — Hygiène particulière.

Préparation à une route.

Service pendant une marche. — Service au lieu d'étape. — Particularités à faire ressortir. — Mise en subsistance. — Évacuation par voie ferrée.

Classement des chevaux.

SERVICE EN CAMPAGNE.

Réquisition des chevaux.

Organisation du service dans les quartiers généraux.

Attributions des chefs du service vétérinaire d'armée et de corps d'armée.

Fonctionnement du service dans les corps de troupes ; évacuation des chevaux malades ou blessés ; organisation des dépôts de chevaux malades. — Fonctionnement du service vétérinaire dans les dépôts de chevaux.

Maladies contagieuses. — Mesures préventives et curatives.

Réforme des chevaux.

Remonte dans la zone d'étapes. — Petits dépôts de remonte.

Service vétérinaire dans les parcs de bétail. — Maladies contagieuses du bétail. — Prescriptions particulières à chacune d'elles. — De l'inspection des viandes en campagne.

Matériel vétérinaire. — Voiture de pharmacie. — Mode d'approvisionnement dans la zone d'étapes.

Établissement des différents rapports. — Modèles à emporter. — Cantine personnelle.

Programme du concours pour l'obtention du grade de médecin aide-major de 2ᵉ classe de réserve. (Exécution des prescriptions de l'article 25 de la loi du 21 mars 1905 sur le recrutement de l'armée.)

Paris, le 25 décembre 1909.

CONDITIONS D'ADMISSION AU CONCOURS.

Les jeunes gens nommés à l'emploi de médecin auxiliaire à la fin de leur première année de service, et pourvus du diplôme de docteur en médecine, peuvent être autorisés, s'ils comptent trois semestres de service à la date du 31 mars, à subir les épreuves du concours pour l'obtention du grade de médecin aide-major de 2ᵉ classe de réserve.

PIÈCES A PRODUIRE PAR LES CANDIDATS.

La demande de chaque candidat est accompagnée :

1° De l'acte de naissance ;

2° De l'extrait du casier judiciaire ;

3° De l'engagement d'accomplir, s'il y est invité, trois périodes supplémentaires d'instruction pendant son séjour dans la réserve ;

4° D'une copie certifiée conforme de son diplôme de docteur en médecine ou du certificat provisoire en tenant lieu ;

5° D'un relevé des punitions et de l'état signalétique et des services ;

6° De l'avis motivé :

a) Du médecin-major chef de service, au point de vue technique ;

b) Du chef de corps, au point de vue militaire.

L'avis du chef de corps est complété par une note numérique comprise dans l'échelle de 0 à 20.

Les dossiers ainsi constitués sont adressés, le 15 décembre, au directeur du service de santé du corps d'armée (ou gouvernement militaire) qui annote chaque candidat au point de vue technique et résume également son appréciation par une note numérique comprise dans l'échelle de 0 à 20.

AUTORISATION DE PRENDRE PART AU CONCOURS.

Le directeur du service de santé transmet les dossiers au général commandant le corps d'armée (ou gouvernement militaire) qui statue sur les demandes en autorisation de concourir.

Le général commandant le corps d'armée (ou gouvernement militaire) fait parvenir au Ministre (7e Direction), le 5 janvier au plus tard, l'état nominatif des candidats autorisés à concourir, ainsi que les dossiers de chacun d'entre eux.

NATURE ET FORME DES ÉPREUVES. — DATE A LAQUELLE ELLES ONT LIEU.

Les épreuves du concours consistent en :

1° Une question écrite sur une question de chirurgie d'armée ou d'hygiène militaire ;

(Trois heures sont accordées pour sa rédaction.)

2° Une composition écrite sur un sujet se rapportant au fonctionnement du service de santé en campagne.

(Deux heures sont accordées pour sa rédaction.)

Les sujets de composition sont envoyés par le Ministre ; ils sont les mêmes pour tous les candidats.

Les deux compositions sont faites au chef-lieu du corps d'armée (ou gouvernement militaire), le premier lundi de février, sous la surveillance d'un médecin militaire du grade de major au moins, désigné par le général commandant le corps d'armée (ou gouvernement militaire), sur la proposition du directeur du service de santé.

Après la clôture des épreuves, le médecin surveillant adresse directement au Ministre (7e Direction, 1er Bureau) les compositions des candidats. L'enveloppe porte en suscription l'indication de son contenu et le centre du concours. Elle est scellée par le médecin surveillant et contresignée de son nom.

CLASSEMENT DES CANDIDATS.

Les compositions sont soumises à l'examen d'une commission désignée par le Ministre. La note attribuée à chaque épreuve est comprise dans l'échelle de 0 à 20.

La commission arrête le classement des candidats en tenant compte des coefficients suivants :

	Coefficient.
Epreuve d'hygiène ou de chirurgie d'armée..	6
Epreuve de service de santé en campagne....	4
Note militaire du chef de corps............	5
Note technique du directeur du service de santé.	5

Sont éliminés les candidats qui ne réuniraient pas les deux tiers des points pouvant, au maximum, leur être attribués pour l'ensemble des épreuves ou des notes militaire et technique.

TABLES

TABLE MÉTHODIQUE

TITRE II.

Examens de fin de cours. — Classement. — Nomination au grade de sous-lieutenant de réserve.

TITRE III.

ANNEXES.

MODÈLE.

Dispositions diverses.

TABLE CHRONOLOGIQUE

TABLE ALPHABÉTIQUE

F

G

J

M

P